Let's learn and try
Bookkeeping & Accounting

入門簿記会計

日野修造【著】
Shuzo Hino

中央経済社

はじめに

本書は，大学で複式簿記を学習しようとしている学生や，企業で経理・財務を担当していて，これまで簿記について深く学習していなかった方，すなわち学び直しをしたいという方を対象としている。前者にとっては就職に，後者にとってはスキルアップに役立つであろう。したがって，本書は日本商工会議所主催の簿記検定３級取得を意識した内容となっている。

日本商工会議所は2019年６月検定より，簿記検定３級の出題内容および範囲を改訂した。また，2020年12月よりネット試験をスタートさせた。これらの動きは，「現代のビジネススタイルの変化に適合させる」こと，「企業活動や会計実務を織り込んだ実践的な検定へと深化させる」ことを狙いとしたものである。また，それまで個人企業を対象とした出題から，小規模株式会社を対象とした出題への転換を図るものでもあった。本書は，このような趣旨で改訂・実施されている日商簿記検定３級の学習内容を網羅し，段階的に解説している。

本書は全20章で構成され，各章の冒頭において，その章で学習する内容を簡単に説明している。ここをまず読むことで，そこで学習する内容の概略をつかむことができる。そして本文では，論点ごとに項目を挙げて解説を行った後，例題を用いた解答・解説を行っている。

また，専門用語や大切な用語・文言等についてはゴシック体で記述している。したがって，ゴシック体になっている箇所を確認し，重点的に学習することをお勧めしたい。

前述のように本書は全20章であるが，３部構成となっている。第Ⅰ部が「複式簿記の基礎」，第Ⅱ部が「日々の取引と記帳」そして第Ⅲ部が「決算整理と財務諸表の作成」である。

第Ⅰ部「複式簿記の基礎」では，「簿記とは何か」，「なぜ簿記が必要なのか」から始まって，今日の複式簿記システムの一巡の手続について学習する。簿記一巡の手続とは，取引を帳簿に記録し，計算し，整理して，最終的に「決算書」

を作成するまでの流れである。

第Ⅱ部「日々の取引と記帳」では，日々の取引の記録と計算の仕組みについて詳しく学習する。第Ⅰ部では簿記一巡の手続を理解することに重点がおかれるため，日々の取引の内容や特殊性については深く立ち入っていない。したがって，ここでは，小切手や手形などを用いた取引，建物や土地といった有形固定資産の取引，税金が係わる取引などについて，その記録・計算の方法について学習する。

第Ⅲ部「決算整理と財務諸表の作成」では，企業の決算について学習する。決算とは簡単にいうと，企業の１年間の収益と費用を計算し，その差額によって利益（または損失）を計算する。そして，それらをまとめて「決算書」として確定させることである。ここで作られた決算書は「財務諸表」（損益計算書・貸借対照表）ともいう。この決算によって，企業の財務状態や経営成績を把握することができる。ここでは，決算書を作成するための整理事項や，決算書作成に必要な計算について学習する。そして，これらの修正・計算を反映した決算書の作成方法について学習する。

本書を刊行するにあたって，多くの先生方にご指導・ご助言をいただいたことに深く感謝の意を表したい。特に恩師である太田正博先生（福岡大学名誉教授）および藤井秀樹先生（京都大学名誉教授）には，未熟な著者に深遠なるご指導・ご助言を賜り深く感謝申し上げる次第である。また，中央経済社の小坂井和重取締役にも，ひとかたならぬご厚情・ご配慮・ご支援をいただき深く感謝申し上げる。

2022年3月

日 野　修 造

目　　次

第Ⅰ部　複式簿記の基礎

第1章　企業の簿記

第2章　資産・負債・資本(純資産)と貸借対照表

第3章　収益・費用と損益計算書

第4章　取引と勘定

第5章　仕訳と転記

第6章　仕訳帳と総勘定元帳

第7章　試算表と精算表

第8章　決算Ⅰ－決算の基本的な流れ－

第Ⅱ部　日々の取引と記帳

第9章　現金・預金の記帳

第10章　商品売買の記帳

第11章　掛け取引の記帳

第12章　その他の債権・債務の記帳

第13章　手形取引と電子記録債権・債務

第14章　有形固定資産

第15章　税金の会計処理

第16章　株式会社の資本

第Ⅲ部　決算整理と財務諸表の作成

第17章　決算Ⅱ　－決算整理と決算整理仕訳－

第18章　決算Ⅲ　－費用・収益の修正－

第19章　決算Ⅳ　－財務諸表の作成－

第20章　伝票会計

第Ⅰ部

複式簿記の基礎

第1章

企業の簿記

まず第1章では，簿記とは何か，そしてそれは何を目的として行われ，どんな種類があるのかについて学習する。簿記とは帳簿記入の略であり，この簿記により企業経営の状態や成績を明らかにすることが可能になる。また，ここでは，簿記における前提条件についても学習する。

1．簿記の意味

私たちの家庭では，働いて得た収入や生活に必要な支出を，家計簿と呼ばれる帳簿に記入して現金の管理を行っている。たとえば，受け取った給料などの収入や，食料品や衣料品などの購入による支出などを記録して現金の管理を行っている。

一方，企業では，現金の収入・支出以外に，商品の仕入れや売上げ，その仕入代金の支払いや売上代金の受取り，および銀行からの借入れなど，日々の経営活動を記録している。そして，将来の経営に役立てている。

このように，企業のさまざまな経営活動について記録・計算・整理する方法を簿記という。

2．簿記の目的

簿記では，企業の経営活動に伴う日々の財産の変動などを記録することによって，次のような目的を果たしている。

(1) 経営成績の明確

一定の期間における商品の仕入れ・売上げ，給料や広告料の支払い，手数料の受取りなどの結果，企業がどれだけの利益を上げたかを定期的に計算する。つまり**経営成績**を明らかにする。

(2) 財政状態の明確化

一定時点における現金，銀行預金，商品，建物，土地および借入金などの現在有り高を明らかにする。また同時に，このような物財を獲得する資金は，どのようにして調達されたのかを明らかにする。つまり**財政状態**を明らかにする。

このように，簿記によって企業は経営成績と財政状態を明らかにし，経営の状況を知り，経営の善し悪しを判断し，将来の経営方針を決定することができる。また，取引先や資金を提供している銀行や株主も簿記によって作成された資料を見ることで，企業の経営内容を知ることができる。

3．簿記の種類

簿記の種類は，記帳方法や適用される業種の違いによって，次のように分けられる。

(1) 記帳方法の違いによる分類

記帳方法には，その代表的な方法として**複式簿記**と**単式簿記**とがある。

複式簿記

企業の経営活動を，定められた記帳の方法に従って，組織的に記録・計算・整理する簿記

単式簿記

特に定められた記帳の方法はなく，現金の収入と支出をもとに記録・計算・整理する簡単な簿記

複式簿記は，今日，最も優れた簿記として広く用いられている簿記で，利益

の計算と財産の計算が同時にできる仕組みとなっている。単式簿記は，家計簿などの記帳に用いられている簿記で，利益や財産の計算はできない。

（2）業種の違いによる分類

簿記は業種の違いで分類すると**商業簿記**，**工業簿記**および**銀行簿記**に分類される。

商業簿記……商品売買業において用いられる簿記
工業簿記……製造業において用いられる簿記
銀行簿記……銀行業において用いられる簿記

本書では複式簿記による商業簿記について学習する。

4．簿記の前提条件

簿記には，**会計単位**・**会計期間**・**貨幣額表示**という３つの前提条件がある。これらの前提条件は，**会計公準**といわれている。

（1）会計単位

簿記が記録・計算・整理の対象とする範囲を会計単位という。企業の簿記では，経営活動による金銭や物品の動きなどを記録・計算・整理することが簿記の対象となるので，企業そのものが会計単位である。

（2）会計期間

企業の経営活動は，継続して営まれることを前提としているため，経営成績や財政状態を明らかにするためには，経営活動を一定の期間に区切る必要がある。この区切られた一定の期間を会計期間という。そして，会計期間の始めを**期首**，終わりを**期末**という。通常会計期間は１年である。たとえば，１月１日から12月31日まで，４月１日から翌年の３月31日まで，といった期間に区切り，経営成績や財政状態が把握されている。

(3) 貨幣額表示

企業の経営活動の記録は，すべて貨幣額を尺度として表現される。したがって，貨幣額表示ができないものは簿記の対象とはならない。

【練習問題】

次の（　　　）の中に適切な用語を記入しなさい。

（1）　簿記は，企業におけるさまざまな経営活動を，定められた記帳方法によって，(a　　　)，(b　　　)(c　　　) する技術である。

（2）　簿記の目的は，一定時点における企業の (d　　　) と，一定期間の (e　　　) を明らかにすることである。

（3）　簿記には，(f　　　)・(g　　　)・(h　　　) の3つの前提条件がある。

第2章

資産・負債・資本（純資産）と貸借対照表

ここでは簿記の要素と企業の純損益の計算について学習する。簿記の要素には資産・負債・資本（純資産）および収益・費用があり，純損益の計算方法には財産法と損益法がある。また，企業の財政状態（資産・負債・資本の状態）を示す書類として貸借対照表があり，経営成績（収益と費用の関係）を示す書類として損益計算書がある。

本章では特に，簿記の要素としては，資産・負債・資本（純資産）について，純損益の計算については財産法について，そして，計算書類としては貸借対照表について学習する。

1．資　　産

企業は経営活動を行うために，現金・商品・備品・建物・土地などの**財産**を所有している。また，一定の期日に代金を受け取る権利である**債権**などを持っている。たとえば，商品を売却した代金を後で受け取る権利などが債権である。このような企業が所有している財産や債権のことを**資産**という。

主な資産の項目には次の表に示すようなものがある。

注意が必要

資産の項目	内　　容	性質
現　金	紙幣・硬貨などの金銭	財産
売掛金	商品を販売した代金を後日受け取る権利	**債権**
商　品	販売を目的として所有する物品	財産
貸付金	他人に貸し付けた金銭を後日回収する権利	**債権**

備　品	営業のために所有する机・いす・陳列ケースなど	財産
建　物	営業のために所有する店舗や事務所	財産
土　地	店舗や事務所の敷地	財産

ポイント　企業にとって，**持っていて価値がある**と考えられるものが資産である。現金や商品といった財産は理解しやすいが，売掛金や貸付金といった債権については，それに価値があるとは捉えにくいため，特に注意が必要である。

例題2－1

福岡商店の令和○年1月1日の資産は，次のとおりである。これらの資産の名称と金額および資産総額を示せ。

①　所有する紙幣 ¥10,000と硬貨 ¥500
②　商品を売却し，その代金 ¥7,000を後日受け取る権利（債権）
③　販売を目的として所有するジャケット ¥4,500
④　営業のために所有する商品の陳列ケース ¥5,000といす ¥3,000

解　答

①　名称（現　金）金額（¥10,500）　②　名称（売掛金）金額（¥7,000）
③　名称（商　品）金額（¥ 4,500）　④　名称（備　品）金額（¥8,000）
資産総額（¥30,000）

2．負　　債

企業は経営活動を行うために，商品を仕入れて，その代金を後で支払うことがある。また，必要に応じて銀行などから現金を借りることがある。このような企業が経営活動を行う過程で生じた**債務**のことを，**負債**という。

主な負債の項目には次の表に示すようなものがある。

負債の項目	内　容	性質
買掛金	商品を仕入れ，代金を後日支払う義務	債務
借入金	銀行などから金銭を借り入れて，その借金を後日返済する義務	債務

ポイント　負債は，**将来における支払いの義務**と考えられる。とりあえず**借金**と考えておくとよい。たとえば，買掛金は商品代金の借金と考えることができる。企業はこのようにして得た資金で，建物や土地を購入するのである。

例題2－2

福岡商店の令和○年1月1日の負債は，次のとおりである。これらの負債の名称と金額および負債総額を示せ。

①　商品を仕入れ，その代金 ¥8,000を後日支払う義務（債務）

②　現金 ¥12,000を借り入れ，後日返済する義務（債務）

解　答

①　名称（買掛金）金額（¥8,000）　　②　名称（借入金）金額（¥12,000）

3．資本（純資産）

企業が所有する資産総額から負債の総額を差し引いて計算される金額を**純資産**という。この純資産のことを簿記では，**資本**（capital）という。これを等式で示すと次のようになり，**資本等式**と呼ばれる。

資産－負債＝資本（純資産）……………**資本等式**

また，資本（純資産）は企業主や株主が企業に投資した**元手**（capital）とも考えられる。たとえば，企業主が事業を始めるために，自らの預金を下ろして，その現金を当該企業に投入した時点を考えてみる。この時点では自ら投入した現金のみが資産として企業に存在するだけである。負債がゼロなら，資本等式によって，その全額が資本（純資産）として計算される。さらに，上記括弧中の英文標記を確認すると，資本も元手も capital である。

例題2－3

例題２－１および例題２－２の解答結果により，福岡商店の令和○年１月１日の資本（純資産）の額を計算しなさい。

解　答

現　　金	¥10,500	買 掛 金	¥8,000
売 掛 金	7,000	借 入 金	12,000
商　　品	4,500		¥20,000
備　　品	8,000		
	¥30,000		

¥30,000－¥20,000＝ ¥10,000※

※資本は「資本金」として表示する

4．貸借対照表

企業の一定期間の資産・負債・資本（純資産）の状態を**財政状態**といい，この財政状態を明らかにするための書類を**貸借対照表**（Balance sheet；B/S）という。そして，それを等式で表すと次のように示される。この等式は，資本等式の負債を右辺に移行したものになっている。

資産＝負債＋資本（純資産）……………貸借対照表等式

貸借対照表は，この**貸借対照表等式**で示されるように，表を左右に分割し，左側に資産の項目・金額を記入し，右側に負債と資本（純資産）の項目・金額を記入して作成する。図示すると次ページのようなイメージとなる。

貸借対照表（B/S）

資　産	負　債
	資　本 （純資産）

例題2－4

例題２－３により福岡商店の令和○年１月１日の貸借対照表を作成しなさい。

解　答

貸　借　対　照　表

福岡商店　　令和○年１月１日

資　産	金　額	負債および純資産	金　額
現　金	10,500	買　掛　金	8,000
売　掛　金	7,000	借　入　金	12,000
商　品	4,500	資　本　金	10,000
備　品	8,000		
	30,000		30,000

簿記の基礎的条件として会計期間がある。ここで作成した貸借対照表は期首の時点で作成したものであるため**期首貸借対照表**という。これに対して期末である12月31日（会計期間１年）時点で作成したものを**期末貸借対照表**という。通常，貸借対照表といった場合は期末の貸借対照表を意味する。これについては次節で説明する。

5．純損益の計算

企業が経営活動を営むことによって，期首の時点で存在した資産・負債・資本（純資産）の額は変動する。その結果，**期首資本**（期首純資産）と**期末資本**（期末純資産）に違いが生じる。ここで把握される差額のことを**当期純損益**（単に純損益ということもある）という。純損益は純利益と純損失の総称である。期末資本（期末純資産）が期首資本（期首純資産）より大きい場合は，純利益となり，逆の場合は純損失となる。この関係を等式で示すと次のようになる。

期末資本－期首資本＝当期純利益（マイナスであれば，**当期純損失**）
（期末純資産）（期首純資産）

このようにして企業の１会計期間の利益を期首と期末の資本（純資産）をもとに計算する方法を**財産法**という。

なお，期末貸借対照表では期末資本（期末純資産）は期首資本（期首純資産）と当期純利益（純損失）に分けて表示する。

例題2－5

福岡商店の令和○年12月31日（期末）時点の資産・負債に関する資料と，例題２－４によって，

① 等式を用いて，当期純損益を計算しなさい。

② 期末貸借対照表を作成しなさい。

資　料

現　　金	¥12,000	売掛金	¥8,000	商　　品	¥5,000
備　　品	¥8,000	買掛金	¥9,000	借入金	¥13,000

解　答

① 等式による当期純損益

¥11,000※　－　¥10,000　＝　¥1,000
（期末資本）　（期首資本）　（当期純利益）

※（12,000＋8,000＋5,000＋8,000）－（9,000＋13,000）＝11,000

② 期末貸借対照表

期首の資本金と当期純利益に区別されている

貸借対照表

福岡商店　　令和○年12月31日

資産	金額	負債および純資産	金額
現金	12,000	買掛金	9,000
売掛金	8,000	借入金	13,000
商品	5,000	資本金	10,000
備品	8,000	**当期純利益**	1,000
	33,000		33,000

【練習問題】

九州商店の期首（1月1日）と期末（12月31日）における資産と負債は，次のとおりであった。よって，期末の貸借対照表を作成しなさい。

1月1日

現金	¥800,000	売掛金	¥700,000	商品	¥300,000
備品	¥500,000	買掛金	¥560,000	借入金	¥740,000

12月31日

現金	¥950,000	売掛金	¥800,000	商品	¥400,000
備品	¥550,000	買掛金	¥700,000	借入金	¥850,000

貸借対照表

（　　　　）商店　　令和○年（　　）月（　　）日

資産	金額	負債および純資産	金額

第3章

収益・費用と損益計算書

ここでは，企業の資本（純資産）を増大させる項目と，減少させる項目について学習する。前者の項目を収益といい，後者の項目を費用という。

また，ここでは損益計算書の作成について学習する。損益計算書とは収益の項目と費用の項目をそれぞれ表示し，両者の差額として当期純損益を算出・表示する表である。

1．収　　益

たとえば企業が，仕入原価￥100,000の商品を￥120,000で売り渡すと，差額として￥20,000の儲け（**商品売買益**）が計算される。そして，この儲けた金額だけ元手である資本（純資産）が増加することになる。このように企業活動によって，資本（純資産）が増加する原因となることがらを**収益**という。

主な収益の項目には次のようなものがある。

収益の項目	内　　容
商品売買益	商品の売渡し価格と仕入れ価格との差額
受取手数料	商品売買の仲介などをした場合に受け取った手数料
受 取 利 息	預金や貸付金に対して発生して利息の受取額など

ポイント　項目の名称について，頭の文字が**「受取」*で始まる***か，最後の文字が**「益」*で終わる***かという特徴がある。この特徴は，すべての収益の項目に当てはまるわけではないが，現段階ではこの特徴を押さえ

ておくと，資産・負債・資本（純資産）および費用の項目との区別が容易にできるため，覚えておくとよい。

2. 費　用

たとえば企業が，従業員に給料を支払ったり，借入金の利息を支払ったりしたとする。すると，その額だけ資本（純資産）が減少することになる。このように企業活動によって資本（純資産）が減少することがらを**費用**という。

主な費用の項目には次のようなものがある。

費用の項目	内　容
給　　料	従業員に支払う給料
広 告 料	新聞・テレビ・ラジオなどの広告代金
支払家賃	事務所・店舗など，建物を借りている場合に支払われる賃借料
通 信 費	郵便切手・はがきなどの郵便料金や，電話料金など
消耗品費	伝票や帳簿・ボールペン・消しゴムなどの文房具の代金
水道光熱費	電気代・ガス代・水道代など
雑　　費	新聞の購読料やお茶・茶菓子代など
支払利息	借入金に対して発生した利息の支払額など

ポイント 項目の名称について，頭の文字が**「支払」*で始まる***か，最後の文字が**「費（料）」*で終わる***かという特徴がある。この特徴は，すべての費用の項目に当てはまるわけではないが，現段階ではこの特徴を押さえておくと，資産・負債・資本（純資産）の項目と収益の項目との区別が容易にできるため，覚えておくとよい。

例題3－1

次の各項目は収益・費用のいずれに属するか，答えなさい。

（1）　給　　料	（2）　受取利息	（3）　支払家賃
（4）　水道光熱費	（5）　広告料	（6）　消耗品費
（7）　商品売買益	（8）　通信費	（9）　支払利息
（10）　受取利息		

解　答

収　　益（2　7　10）

費　　用（1　3　4　5　6　8　9）

3．純損益の計算

純損益の計算については，第2章で財産法による計算を学習した。そこでは期末資本（期末純資産）から期首資本（期首純資産）を差し引いて純損益を求めた。しかし，この方法では，どのような原因で純損益が発生したのかが，わからないという欠点がある。

この欠点を補完した別の計算方法がある。それは収益と費用の差額として純損益を計算する方法である。収益は資本（純資産）の増加原因を意味し，費用は資本（純資産）の減少原因を意味するため，この両者の差額として純損益を計算することで，財産法の欠点を補完することができる。等式で示すと次のとおりである。

収益－費用＝当期純利益（マイナスは**当期純損失**）

このように収益と費用を比べて当期純損益を計算する方法を**損益法**という。損益法で求めた当期純損益と財産法で求めた当期純損益は一致する。

例題３－２

次の各文の（　　　）の中にあてはまるもっとも適当な語を答えなさい。

収益総額から費用総額を差し引いて当期純損益を計算する方法を（a　　　　）という。この差額（当期純損益）は，期末資本（期末純資産）から期首資本（期首純資産）を差し引いて計算（財産法）される当期純損益と（b　　　）する。

解　答

（a　損益法）　（b　一致）

４．損益計算書

企業は１会計期間における経営成績を明らかにするために，収益と費用の内容と，純利益の額を明らかにした報告書を作成する。この報告書のことを**損益計算書**（Profit and Loss Statement；P/L または Income Statement；I/S）という。

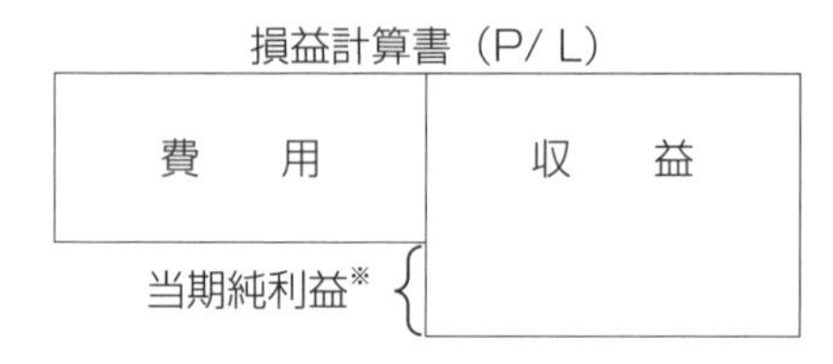

※純損失の場合は，貸方側に当期純損失として表示されることになる。

なお，損益計算書を等式で表すと次のように示される。この等式は，損益計算書等式と呼ばれる。

費用＋当期純利益＝収益……損益計算書等式

例題３－３

次の各文の（　　　）の中にあてはまるもっとも適当な語を答えなさい。

企業の１会計期間における収益と費用の内容，つまり（a　　　）を明らかにするために作成する報告書を（b　　　）という。

解　答

（a　経営成績）　（b　損益計算書）

例題３－４

福岡商店の令和○年１月１日から令和○年12月31日の次の資料によって，損益計算書を作成しなさい。

資　料

商品売買益　¥19,000　　受取手数料　¥1,000　　給　　料　¥16,000
広　告　料　¥1,100　　消 耗 品 費　¥1,000　　支払利息　¥900

解　答

損　益　計　算　書

福岡商店　　令和○年１月１日～令和○年12月31日まで

費　　用	金　　額	収　　益	金　　額
給　　料	16,000	商 品 売 買 益	19,000
広 告 料	1,100	受 取 手 数 料	1,000
消 耗 品 費	1,000		
支 払 利 息	900		
当 期 純 利 益	**1,000**		
	20,000		20,000

【練習問題】

1．次の表の空欄にあてはまる金額を計算しなさい。なお，純損失の場合は「－」（マイナス）で示すこと。

期首資本	期末			収益	費用	当期純損益
	資産	負債	資本			
150,000	a	140,000	b	210,000	160,000	c
620,000	945,000	d	753,000	e	452,000	f
310,000	500,000	g	h	630,000	660,000	i

2．九州商店の令和○年1月1日から同年12月31日までの会計期間の収益と費用は次のとおりであった。よって，損益計算書を作成しなさい。

商品売買益　¥80,000　　受取利息　¥40,000　　給　料　¥52,000
広 告 料　¥30,000　　消耗品費　¥10,000　　支払利息　¥22,000

損 益 計 算 書

（　　）商店　令和○年（　）月（　）日から令和○年（　）月（　）日まで

費用	金額	収益	金額

第4章

取引と勘定

ここでは，まず簿記でいう取引とはどのようなものかについて学習する。次いで，その取引がどのように分類され，記録されるかについて学習する。簿記でいう取引は，我々が日常的に使用している取引という用語とは異なることに注意する必要がある。

1．取引の意味

簿記では，資産・負債・資本（純資産）を増減させたり，収益・費用を発生させたりする事象を**取引**という。

簿記でいう取引と，日常の用語で用いられる取引とは，ほとんど同じであるが，異なる部分もあるので注意する必要がある。

（1） 日常用語の取引が，簿記上でも取引となる場合

- 商品の仕入れや売上げ
- 銀行からの現金の借入れ
- 給料，広告料および家賃などの支払い

（2） 日常用語の取引が，簿記上の取引とはならない場合

- 土地や建物の賃貸契約
- 商品売買の注文
- 新入社員の雇用契約

} 資産・負債・資本（純資産）の増減および収益・費用の発生がない

（3）　日常用語の取引ではないが，簿記上の取引となる場合

- 風水害による商品や建物の損害
- 火災や地災による焼失・破損
- 現金や商品の盗難

資産・負債・資本（純資産）の増減および収益・費用の発生がある。

2．勘定の意味

簿記上の取引が生じると，会計担当者は資産・負債・資本（純資産）の増減や，収益・費用の発生を記録しなければならない。その際の記録・計算の単位を**勘定**（account；a/c）という。

勘定の記録形式は左右に区分されている。そして，その左側を借方といい，右側を貸方という。

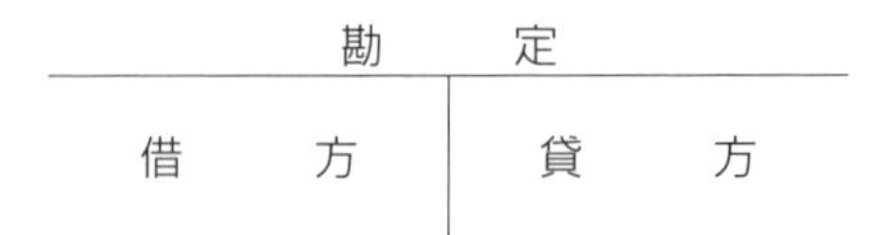

たとえば，資産については，現金・売掛金・商品などの項目ごとにそれぞれの名称で勘定を設け，増減を記録する。この時，各項目に付けられた名称のことを勘定科目という。上図では，勘定と記されている箇所に現金・売掛金などの名称が付されることになる。

次に，貸借対照表と損益計算書におけるそれぞれの主な勘定科目を整理しておく。

貸借対照表項目	資産の勘定	現金・売掛金・商品・貸付金・建物・備品・土地など
	負債の勘定	買掛金・借入金など
	資本の勘定	資本金など
損益計算書項目	収益の勘定	商品売買益・受取手数料・受取利息など
	費用の勘定	給料・広告料・支払家賃・雑費・支払利息など

3．勘定口座

勘定ごとに，それぞれ増加額（または発生額）・減少額（または取消額）を記録・計算するために設けられた帳簿上の場所を**勘定口座**という。この勘定口座の形式には，**標準式**と**残高式**の２つがある。それぞれの形式を現金勘定について示すと次のとおりである。

〈標準式〉

現　　金

令和○年	摘　要	仕丁	借　方	令和○年	摘　要	仕丁	貸　方

〈残高式〉

現　　金

令和○年	摘　要	仕丁	借　方	貸　方	借または貸	残　高

標準式は，中央で二分され左右が同じ形になっている。これに対して，残高式は，右端に残高欄が設けられ，その勘定の残高（現在有高）が常時把握できるようになっている。実務では，残高式が多く用いられている。

4．勘定記入の方法

資産・負債・資本（純資産）の各勘定への金額の記入は，当該勘定が貸借対照表のいずれの側に表示される勘定科目であるかに依存する。すなわち，金額の増加が生じた場合，貸借対照表において借方側に表示される資産に属する勘定は，該当する勘定の借方に記入される。そして，貸方側に表示される負債および資本（純資産）に属する勘定は，該当する勘定の貸方側に記入される。これに対して金額の減少が生じた場合は，逆側に記入されることになる。

その関係を示すと，次のとおりである。

〈貸借対照表項目〉

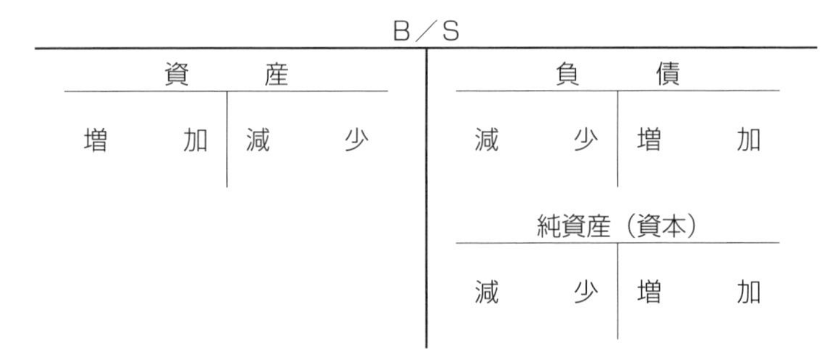

〈損益計算書項目〉

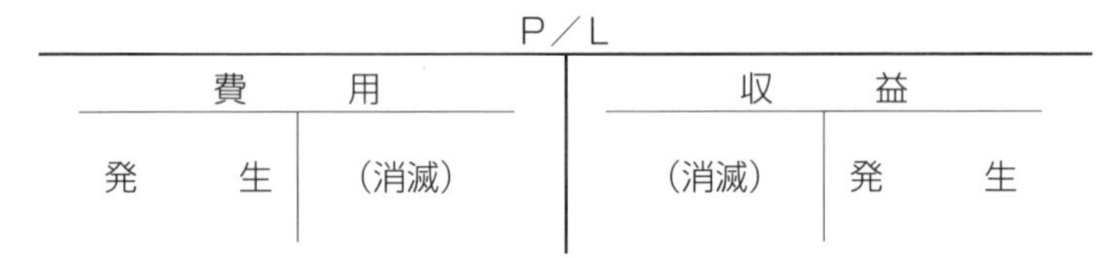

5．取引の分解と勘定記入

簿記上の取引を，勘定の記入法に従って勘定口座に正しく記入するためには，1つひとつの取引について，資産・負債・資本（純資産）の増減があったかどうか，あるいは収益・費用の発生があったかどうかを確認する必要がある。そのためには，取引を分解してみるとよい。

例題4－1

次の取引を分解し，勘定記入の方法に従って，各勘定に記入しなさい。

① 備品 ¥300,000を購入し，代金は現金で支払った。

② 商品 ¥100,000（原価 ¥80,000）を売り渡し，代金は現金で受け取った。

解　答

①の取引を分解すると，「**備品 ¥300,000の購入**」と「**現金 ¥300,000の支払い**」である。換言すると前者は，備品という資産が ¥300,000増加したということである。そして後者は，現金という資産が ¥300,000減少したということである。

これを勘定に記入すると次のようになる。

「備品 ¥300,000の購入」
（資産の増加）

備	品
300,000	

「現金 ¥300,000の支払い」
（資産の減少）

現	金
	300,000

②の取引を分解すると，「**現金 ¥100,000の受取り**」と「**商品 ¥80,000の引渡し**」と「**商品の売買による収益 ¥20,000の発生**」である。換言するとそれぞれ，現金という資産の増加が ¥100,000，商品という資産の減少が ¥80,000，そして，商品売買益という収益の発生が ¥20,000ということである。

これを勘定に記入すると次のようになる。

「現金 ¥100,000の受取り」
（資産の増加）

現	金
100,000	

「商品 ¥80,000の引渡し」
（資産の減少）

商	品
	80,000

「商品の売買による収益 ¥20,000の発生」
（収益の発生）

商品売買益	
	20,000

次に例題４－１の取引について，取引要素の結びつきについて考えてみる。

①の取引では，

備品（資産）¥300,0000の増加◀――▶現金（資産）¥300,000の減少

という結びつきになる。

②の取引では，

現金（資産）¥100,000の増加◀――▶商品（資産）¥80,000の減少
　　　　　　　　　　　　　　　　＼▶商品売買益（収益）¥20,000の発生

という結びつきになる。

ここで１つの特徴が検出される。それは，①の取引も②の取引もそれぞれ左右の金額が同額になっているということである。

以上の分解から，取引は必ず，資産・負債・資本（純資産）の増加・減少，および収益・費用の発生という要素が，対立して結びついていることがわかる。このことを，**取引の二面性**（二重性）という。

例題4－2

次の福岡商店の取引について，資産・負債・資本（純資産）の増減や，収益・費用の発生がどのように結びついているか取引を分解しなさい。

取　引

5月1日　福岡商店は，現金 ¥1,000,000を元入れして，営業を開始した。
　　2日　事務用机・椅子などの備品 ¥300,000を現金で買い入れた。
　　7日　天神商店から商品 ¥400,000を仕入れ，代金は掛けとした。
　　10日　佐賀商店に商品 ¥150,000（原価 ¥120,000）を売り渡し，代金は現金で受け取った。
　　12日　西九州銀行から，現金 ¥500,000を借り入れた。
　　15日　長崎商店に商品 ¥200,000（原価 ¥180,000）を売り渡し，代金のうち ¥150,000は現金で受け取り，残額は掛けとした。
　　18日　天神商店に対する買掛金のうち ¥120,000を現金で支払った。
　　21日　従業員に本月分の給料 ¥70,000を現金で支払った。
　　25日　長崎商店から，売掛金 ¥50,000を現金で受け取った。
　　31日　西九州銀行から借り入れている借入金のうち ¥200,000を，利息 ¥2,000とともに現金で支払った。

解　答

5月1日　現　金（資産）¥1,000,000の増加←→資本金（資本）　¥1,000,000の増加
　　2日　備　品（資産）　¥300,000の増加←→現　金（資産）　¥300,000の減少
　　7日　商　品（資産）　¥400,000の増加←→買掛金（負債）　¥200,000の増加
　　10日　現　金（資産）　¥150,000の増加←→商　品（資産）　¥120,000の減少
　　　　　　　　　　　　　　　　　　　　　↘商品売買益（収益）¥30,000の発生
　　12日　現　金（資産）　¥500,000の増加←→借入金（負債）　¥500,000の増加
　　15日　現　金（資産）　¥150,000の増加←→商品（資産）　¥180,000の減少
　　　　　売掛金（資産）　¥50,000の増加←→商品売買益（収益）¥20,000の発生
　　18日　買掛金（負債）　¥120,000の減少←→現金（資産）　¥120,000の減少
　　21日　給　料（費用）　¥70,000の発生←→現金（資産）　¥70,000の減少
　　25日　現　金（資産）　¥50,000の増加←→売掛金（資産）　¥50,000の減少
　　31日　借入金（負債）　¥200,000の減少←→現金（資産）　¥202,000の減少
　　　　　支払利息（費用）　¥2,000の発生↗

〈取引要素の結合関係〉

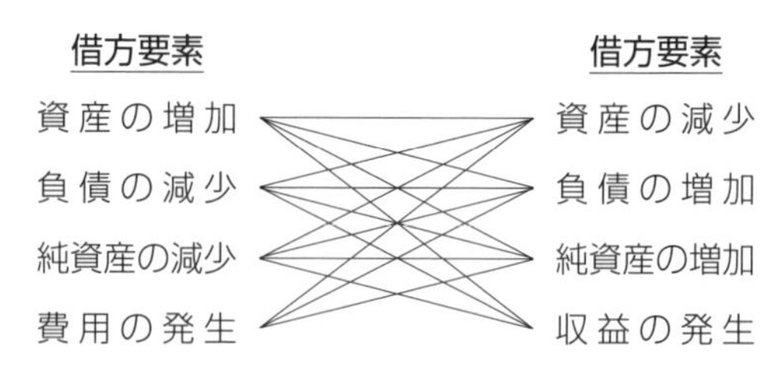

例題4－3

例題4－2の取引の分解に基づいて，勘定口座に記入しなさい。なお，どの取引を転記したものかがわかるように，金額の左側に日付を付すこと。

解　答

貸借対照表項目

［資産項目］

現　　金

5/ 1	1,000,000	5/ 2	300,000
10	150,000	18	120,000
12	500,000	21	70,000
15	150,000	31	202,000
25	50,000		

売　掛　金

5/15	50,000	5/25	50,000

商　　品

5/ 7	400,000	5/10	120,000
		15	180,000

備　　品

5/ 2	300,000		

［負債項目］

買　掛　金

5/18	120,000	5/ 7	200,000

借　入　金

5/31	200,000	5/12	500,000

［純資産（資本）項目］

資　本　金

		5/ 1	1,000,000

損益計算書項目

［費用項目］

給　　料

5/21	70,000	

支払利息

5/31	2,000	

［収益項目］

商品売買益

	5/10	30,000
	15	20,000

6．貸借平均の原理

1つの取引を勘定に記入する場合，借方に記入された金額と，貸方に記入された金額は，必ず一致する。したがって，すべての勘定の記録を集め借方・貸方をそれぞれ区別して合計すると，借方と貸方の合計金額は等しくなる。このことを**貸借平均の原理**という。

すなわち次のような関係式が成り立つ。

勘定全部の借方合計金額 ＝ 勘定全部の貸方合計金額

【練習問題】

1．次の事柄について，簿記上の取引となるものには○を，ならないものには×を記しなさい。

（1）商品 ¥200,000を仕入れ，代金は月末に支払うことにした。

（2）建物を借りる契約を締結した。

（3）現金 ¥1,000,000を元入れして営業を開始した。

（4）火災によって，商品 ¥300,000が焼失した。

（5）商品 ¥400,000が盗難により紛失した。

2．次の取引を勘定口座に記入しなさい。なお，金額の左側に日付を付すこと。

取 引

6月1日 現金 ¥2,000,000を元入れして開業した。
　2日 営業用備品を ¥500,000を現金で買い入れた。
　5日 商品 ¥250,000を仕入れ，代金は掛けとした。
　8日 商品 ¥150,000（原価 ¥120,000）を売り渡し，代金は掛けとした。
　14日 商品 ¥350,000を仕入れ，代金は掛けとした。
　19日 商品 ¥240,000（原価 ¥200,000）を売り渡し，代金のうち ¥150,000は現金で受け取り，残額は掛けとした。
　22日 売掛金のうち ¥100,000を現金で受け取った。
　26日 買掛金のうち ¥200,000を現金で支払った。
　30日 本月分の家賃 ¥50,000を現金で支払った。

現　　金	

売 掛 金	

商　　品	

備　　品	

買 掛 金	

資 本 金	

商品売買益	

支 払 家 賃	

第5章

仕訳と転記

簿記では取引を各勘定口座に記入するに際して，事前に下準備を行う。つまり，お膳立てをする。勘定口座への記入を間違いなく行うためなどの理由からである。ここでは，そのお膳立ての手法である仕訳について学習する。

1．仕　訳

前章では，取引が発生すると，それを分解し，各勘定口座に直接記入した。しかし，この方法を採ると，記入もれや誤りが生じる可能性がある。そこで，取引を勘定口座に正確に記入するための準備作業（お膳立て）が必要になる。この作業のことを**仕訳**という。

仕訳は取引の分解を行った後，次の手順で考えていくことになる。

① どの勘定口座（勘定科目）に記入するのか？

② 借方・貸方のいずれに記入するのか？

⬇

③ 記入する金額はいくらであるか？

例題5－1

次の取引を分解し，上記①から③の手順に従って判断・決定を行い，仕訳を行いなさい。

取引：商品 ¥50,000を仕入れ，代金は掛けとした。

解　答

《取引の分解》

商品（資産）¥50,000の増加　　買掛金（負債）¥50,000の増加

①　勘定口座（科目）の判断・決定

商品勘定　と　買掛金勘定

②　貸借記入の判断・決定

商品という資産の増加は借方に記入

買掛金という負債の増加は貸方に記入

③　金額の判断・決定

商品（資産）の増加が ¥50,000

買掛金（負債）の増加が ¥50,000

以上のような判断･決定の結果として，次のような仕訳が行われることになる。

（借）商　　品　50,000　　（貸）買　掛　金　50,000

仕訳は借方側（左側）と貸方側（右側）に分けて行われている。①の判断･決定で記入する勘定口座（科目）が明確になったら，②で借方・貸方のいずれに記入するかを判断・決定するわけであるが，借方側に記入する場合は中央から見て左側に，貸方側に記入する場合は中央から見て右側に，勘定科目を記入することになる。そして，③で判断・決定した金額をそれぞれ勘定科目の右側に記入することで，１つの仕訳が完了する。

仕訳の結果をよく見ると，取引の分解で示した関係と同じ関係が記されていることがわかる。

例題5－2

次の取引の仕訳をしなさい。

取　引

5月1日　現金 ¥1,000,000を元入れして，福岡商店を開業した。
　　5日　佐賀商店から商品 ¥500,000を仕入れ，代金は掛けとした。
　13日　大分商店に商品 ¥250,000（原価 ¥200,000）を売り渡し，代金は現金で受け取った。
　15日　佐賀商店に対する買掛金のうち ¥300,000を現金で支払った。
　17日　山口商店から事務用の机・いす ¥150,000を買い入れ，代金は現金で支払った。
　20日　長崎商店から商品 ¥400,000を仕入れ，代金のうち ¥100,000は現金で支払い，残額は掛けとした。
　23日　熊本商店に商品 ¥350,000（原価 ¥280,000）を売り渡し，代金は掛けとした。
　25日　従業員に本月分の給料 ¥170,000を現金で支払った。
　30日　熊本商店に対する売掛金のうち ¥250,000を現金で受け取った。

解　答

	借　方	金　額	貸　方	金　額
5/1	現金	1,000,000	資本金	1,000,000
5	商品	500,000	買掛金	500,000
13	現金	250,000	商品	200,000
			商品売買益	50,000
15	買掛金	300,000	現金	300,000
17	備品	150,000	現金	150,000
20	商品	400,000	現金	100,000
			買掛金	300,000
23	売掛金	350,000	商品	280,000
			商品売買益	70,000
25	給料	170,000	現金	170,000
30	現金	250,000	売掛金	250,000

2. 転　　記

前節で行った仕訳は，いわば各勘定口座へ記入するための事前準備であった。次に，この仕訳を各勘定口座に記入することになるが，この仕訳を勘定口座に記入する作業のことを**転記**という。

ここでは次の手順を踏む。ただし，①と②はいずれが先でもかまわない。

① 借方に仕訳をした勘定科目は，その勘定口座の借方に金額を記入する――併せて，日付も記入する。これは，いつの取引であるかを明らかにするためである。

② 貸方に仕訳をした勘定科目は，その勘定口座の貸方に金額を記入する――併せて，①と同じ理由で，日付も記入する。

（注） 日付と金額に併せてさらに，相手科目を記入すると，その取引の内容まで，ある程度わかる。相手科目を記入する場合は，日付と金額の間に，記入することになる。

例題5－3

例題5－2の仕訳を各勘定口座（T字形）に転記しなさい。

解　答

現　金

5/1	1,000,000	5/15	300,000
13	250,000	17	150,000
30	250,000	20	100,000
		25	170,000

売 掛 金

5/23	350,000	5/30	250,000

商　品

5/5	500,000	5/13	200,000
20	400,000	23	280,000

備　品

5/17	150,000		

買 掛 金

5/15	300,000	5/ 5	500,000
		20	300,000

資 本 金

		5/ 1	1,000,000

商品売買益

	5/13	50,000
	23	70,000

給　　料

5/25	170,000	

補　足

例題5－1における5月1日の取引のみ，相手科目を記す形式で示しておくと，次のとおりである。

現　　金

5/1 資本金 1,000,000	

資　本　金

	5/1　現金　1,000,000

【練習問題】

1．次の各文の（　　　）の中に，最も適切な用語を記入しなさい。

（1） 取引を分解して，どの（a　　　）の借方・貸方のいずれ側に，いくらの金額を記入するかを明らかにすることを（b　　　）という。

（2） 仕訳から各勘定口座に金額を記入することを（c　　　）という。

2．次の取引の仕訳をしなさい。

取　引

6月5日　商品 ¥70,000を仕入れ，代金は掛けとした。

10日　商品 ¥60,000（原価 ¥40,000）を売り渡し，代金は掛けとした。

15日　売掛金 ¥30,000を現金で受け取った。

20日　従業員に給料 ¥40,000を現金で支払った。

25日　売掛金 ¥20,000を現金で受け取った。

	借　　方	金　額	貸　　方	金　額
6/5				
10				
15				
20				
25				

3．上記取引2．で行った仕訳を，各勘定口座に転記しなさい。日付と金額を記入すること。

現　　金

売 掛 金

商　　品

買 掛 金

商品売買益

給　　料

第6章

仕訳帳と総勘定元帳

ここでは，仕訳帳と総勘定元帳（元帳）の記入方法について学習する。すべての取引を発生した順に記入する帳簿を仕訳帳といい，すべての勘定口座を集めた帳簿を総勘定元帳という。仕訳帳や総勘定元帳は，すべての取引を記入する大切な帳簿なので，これらを主要簿という。

1．仕 訳 帳

第5章では，仕訳の方法について学習した。仕訳は**仕訳帳**という帳簿に記録する。仕訳帳は，すべての取引を発生順に借方と貸方に分解して記録をしていく。仕訳はすべての取引について行われるため，この仕訳帳は重要な記録簿となる。したがって，すべての勘定口座を集めた帳簿である**総勘定元帳**とともに**主要簿**と呼ばれる。次に示す帳簿が仕訳帳である。

仕　　訳　　帳　　　　1

令和 ○年		摘　　　要	元丁	借　方	貸　方

【仕訳帳の作成方法】

① **日付欄**――取引が発生した月と日を記入する。ただし，月が変わらない場合は，ページの最初にだけ記入すればよい。

② **摘要欄**――摘要欄に仕訳の勘定科目と小書きを記入する。左側を借方，右側を貸方と考え，それぞれにカッコをつけて記入する。

③ **小書き**――摘要欄に記された仕訳の下に書く文章を小書き（こがき）という。小書きは取引の要約を記入する。

④ **元丁欄**――総勘定元帳の勘定口座に転記した後，その勘定口座のページ数または番号を記入する。

⑤ **借方・貸方欄**――仕訳した科目と同じ行に，金額をそれぞれ記入する。

⑥ **区切線**――次の取引を記入するときに区切線を摘要欄に引く。

⑦ **ページ番号**――記入方法ではないが，例示している仕訳帳の右上に１と数字が付されているが，これは仕訳帳の１ページという意味である。たとえば２であれば２ページ，10であれば10ページという意味である。

２．総勘定元帳

総勘定元帳は，すべての勘定口座を集めた帳簿である。総勘定元帳は次のように記入する。

（1）標準式

総 勘 定 元 帳

現　　金　　1

令和○年		摘　要	仕丁	借　方	令和○年		摘　要	仕丁	貸　方

【総勘定元帳（標準式）の記入について】

① **日付欄**――仕訳帳の月日を記入する。

② **借方・貸方欄**――借方・貸方それぞれの金額を記入する。

③ **摘要欄**――仕訳の相手科目を記入する。相手の勘定科目が２つ以上ある場合は

「諸口」と記入する。

④　**仕丁欄**――仕訳帳のページ数を記入する。同じページの場合は「〃」と記入する。

⑤　**元丁番号（右上の番号）**――勘定口座の番号で，転記した後に仕訳帳の元帳欄に記入する。上記例示では1番と付している。つまり，現金勘定の口座番号が1番ということである。

(2) 残高式

総勘定元帳

現　　金　　1

令和○年		摘　要	仕丁	借　方	貸　方	借または貸	残　高

【総勘定元帳（残高式）の記入について】

①　**日付・摘要・仕丁・借方・貸方欄および仕丁番号**――これらは，上記（1）の標準式と同じ内容である。

②　**借または貸欄**――右横の残高欄に記された金額が借方残高であれば「借」と記入し，貸方残であれば「貸」と記入する。

③　**残高欄**――その時点の残高を記入する。つまり，その日の残高である。

例題6－1

次の取引について，仕訳帳および総勘定元帳（標準式）に記入しなさい。なお，現金勘定のみ残高式で追加記入せよ。

6月1日　現金￥500,000を元入れして，店を開業した。
　　3日　山口商店から商品￥200,000を仕入れ，代金は現金で支払った。
　　5日　佐賀商店に原価￥80,000の商品を￥100,000で売り上げ，代金は現金で受け取った。

仕　訳　帳　　1

令和○年		摘　要		元丁	借　方	貸　方
6	1	（現　金）		1	500,000	
			（資 本 金）	10		500,000
		元入れして開業				
	3	（商　品）		4	200,000	
			（現　金）	1		200,000
		山口商店より仕入れ				
	5	（現　金）	諸口	1	100,000	
			（商　品）	4		80,000
			（商品売買益）	11		20,000
		佐賀商店へ売上げ				

総勘定元帳

現　金　　1

令和○年		摘　要	仕丁	借　方	令和○年		摘　要	仕丁	貸　方
6	1	資 本 金	1	500,000	6	3	商　品	1	200,000
	5	諸　口	〃	100,000					

商　品　　4

令和○年		摘　要	仕丁	借　方	令和○年		摘　要	仕丁	貸　方
6	3	現　金	1	200,000	6	5	現　金	1	80,000

資 本 金　　10

令和○年		摘　要	仕丁	借　方	令和○年		摘　要	仕丁	貸　方
					6	1	現　金	1	500,000

商品売買益　　11

令和○年		摘　要	仕丁	借　方	令和○年		摘　要	仕丁	貸　方
					6	5	現　金	1	20,000

残高式

令和○年		摘　要	仕丁	借　方	貸　方	借または貸	残　高
6	1	資　本　金	1	500,000		借	500,000
	3	商　　品	〃		200,000	〃	300,000
	5	諸　　口	〃	100,000		〃	400,000

【練習問題】

次の取引を仕訳帳に仕訳をし（小書きも記入すること），総勘定元帳（標準式）に記入しなさい。なお，現金勘定のみ残高式で追加記入せよ。

5/2　天神銀行より現金 ¥300,000を借り入れた。

7　山口商店より商品 ¥100,000を現金で仕入れた。

12　原価 ¥70,000の商品を岡山商店に ¥90,000で売り上げ，代金は現金で受け取った。

仕　訳　帳　2

令和○年		摘　要	元丁	借　方	貸　方

総勘定元帳

現　金　1

令和○年		摘要	仕丁	借方	令和○年		摘要	仕丁	貸方

商　品　4

令和○年		摘要	仕丁	借方	令和○年		摘要	仕丁	貸方

借入金　8

令和○年		摘要	仕丁	借方	令和○年		摘要	仕丁	貸方

商品売買益　11

令和○年		摘要	仕丁	借方	令和○年		摘要	仕丁	貸方

残高式

現　金　1

令和○年		摘要	仕丁	借方	貸方	借または貸	残高

第7章

試算表と精算表

企業は，日々の取引の記録を仕訳帳に記入し，総勘定元帳へ転記を行っている。その転記が正しく行われたどうかを検証するために，試算表（Trial Balance sheet：T/B）を作成する。この試算表の種類には，勘定口座の借方合計と貸方合計を記入する合計試算表，勘定口座の残高（借方と貸方の差額）を記入する残高試算表，合計試算表と残高試算表を合わせた合計残高試算表がある。特に，決算の前に作成される試算表は，貸借対照表および損益計算書を作成するための資料にもなる。

また，試算表は精算表を作成する貴重な資料ともなる。精算表とは，1つの表で，貸借対照表および損益計算書の内容を示すことができる作業表である。

ここでは試算表と精算表について学習する。

1．試算表の種類

（1）合計試算表

合計試算表は，各勘定口座の借方と貸方の金額をそれぞれ合計し，試算表の借方欄と貸方欄に，それぞれその合計金額を記入することによって作成される。現金勘定と買掛金勘定を例に記入を示すと次ページのとおりである。

現金勘定の借方合計は ¥1,300,000，貸方合計は ¥600,000である。それが矢印で示しているように，試算表に現金の行を設け，その行の借方と貸方にそれぞれの合計金額を記入する。買掛金についても，同じように買掛金の行を設け，買掛金勘定の借方合計と貸方合計をそれぞれ記入する。

その他の勘定口座も借方と貸方を合計して，それぞれ記入していく。そして，試算表のボトムラインの借方合計と貸方合計は，一致することになる。

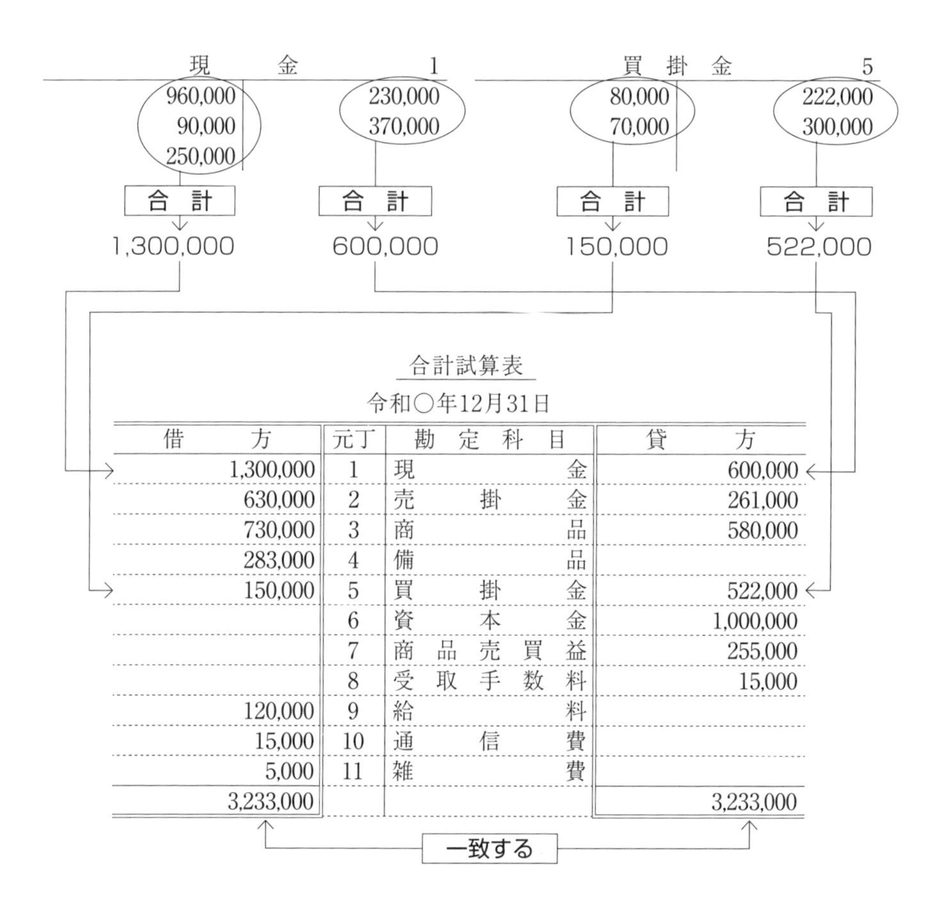

合計試算表

令和○年12月31日

借　方	元丁	勘定科目	貸　方
1,300,000	1	現金	600,000
630,000	2	売掛金	261,000
730,000	3	商品	580,000
283,000	4	備品	
150,000	5	買掛金	522,000
	6	資本金	1,000,000
	7	商品売買益	255,000
	8	受取手数料	15,000
120,000	9	給料	
15,000	10	通信費	
5,000	11	雑費	
3,233,000			3,233,000

（2）残高試算表

残高試算表は，各勘定口座の勘定残高を記入することによって作成される試算表である。現金勘定と買掛金勘定を例に示すと次ページのとおりである。

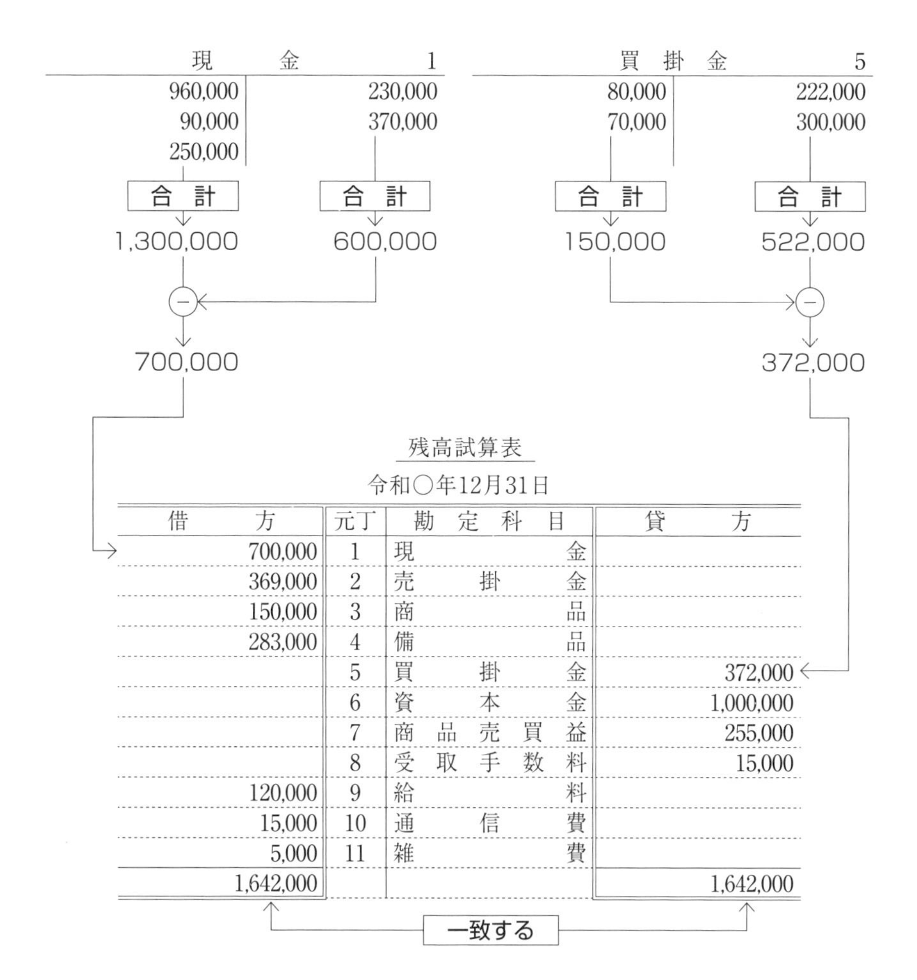

残高試算表

令和○年12月31日

借　方	元丁	勘定科目	貸　方
700,000	1	現　金	
369,000	2	売　掛　金	
150,000	3	商　品	
283,000	4	備　品	
	5	買　掛　金	372,000
	6	資　本　金	1,000,000
	7	商品売買益	255,000
	8	受取手数料	15,000
120,000	9	給　料	
15,000	10	通　信　費	
5,000	11	雑　費	
1,642,000			1,642,000

（3）合計残高試算表

合計残高試算表は，合計試算表と残高試算表を合わせた試算表である。

合計残高試算表

令和○年12月31日

借方		元丁	勘定科目	貸方	
残高	合計			合計	残高
700,000	1,300,000	1	現金	600,000	
369,000	630,000	2	売掛金	261,000	
150,000	730,000	3	商品	580,000	
283,000	283,000	4	備品		
	150,000	5	買掛金	522,000	372,000
		6	資本金	1,000,000	1,000,000
		7	商品売買益	255,000	255,000
		8	受取手数料	15,000	15,000
120,000	120,000	9	給料		
15,000	15,000	10	通信費		
5,000	5,000	11	雑費		
1,642,000	3,233,000			3,233,000	1,642,000

2. 精算表

次に，決算の正式な手続ではないが，**精算表**の作成について見ておく。精算表とは，残高試算表を少し加工することで貸借対照表や損益計算書で得られる結果を概観することができる作業表である。精算表には，**6桁精算表**と**8桁精算表**があるが，ここでは6桁精算書について見ておく。なお，8桁精算表は第19章で学習する。

【精算表の作成】

① **残高試算表欄の作成**――各勘定の貸借差額を計算し，精算表に設けられた残高試算表欄に，各勘定残高を記入する。このとき，残高試算表を作成していたら，その残高を転記する。そして，最終行に借方・貸方それぞれの合計を記入し，借方合計と貸方合計が一致することを確認する。

なお，以下に示す精算表における残高試算表の金額は，先に学習した残高試算表の数字である。

② **整理記入欄への記入**（6桁精算表では整理記入欄はない）――残高試算表の金額が，当期末の正しい残高を示していない場合に記入をする。ここでは，整理記

入はないので省略する（整理記入については第19章で学習する）。

③　**損益計算書欄への記入**――次は，残高試算表に記入した金額のうち，収益と費用の金額を損益計算書へ移す。収益は，貸方残高であるので，損益計算書の貸方へ移記し，費用は，借方残高であるで，損益計算書の借方へ移記する。

④　**損益計算書欄の当期純損益の記入**――③に続いて，それぞれの合計を求めると，収益である貸方の合計は，¥270,000であり，費用である借方の合計は，¥140,000となっている。その差額を，収益が多ければ，借方へ記入する。これが，当期純利益（貸方であれば当期純損失）である。この**当期純利益は朱記**する。費用欄に利益を記入しているためである。そして，損益計算書の借方と貸方をそれぞれ合計する。この合計も一致する。

⑤　**貸借対照表欄の作成**――残高試算表の残高から，資産，負債，資本を移記する。資産は，借方残高なので，貸借対照表の借方へ移記する。負債と資本は，貸方残高なので，貸借対照表の貸方へ移記する。

⑥　**貸借対照表欄の当期純利益の記入**――⑤に続いて，資産の総合計から負債の総合計を差し引いて残高が借方にあれば，その金額を貸方に黒記する（残高が貸方にあれば，借方に記入をする）。この場合も，当期純利益（借方記入の場合は，当期純損失）である。そして，借方合計と貸方合計を記入する。この合計も一致する。

⑦　**精算表の完成**――損益計算書の当期純利益（貸方記入は当期純損失）と，貸借対照表の当期純利益（借方記入は当期純損失）とを比較し，金額が同じであれば，金額欄に二重線を引いて完成させる。

精　算　表

令和○年12月31日

勘定科目	元丁	残高試算表		損益計算書		貸借対照表	
		借方	貸方	借方	貸方	借方	貸方
現金	1	700,000				700,000	
売掛金	2	369,000				369,000	
商品	3	150,000				150,000	
備品	4	283,000				283,000	
買掛金	5		372,000				372,000
資本金	6		1,000,000				1,000,000
商品売買益	7		255,000		255,000		
受取手数料	8		15,000		15,000		
給料	9	120,000		120,000			
通信費	10	15,000		15,000			
雑費	11	5,000		5,000			
当期純利益				130,000	一致		130,000
		1,642,000	1,642,000	270,000	270,000	1,502,000	1,502,000

【練習問題】

1．下記に示した北九州商店の令和○年12月31日における勘定口座の記入から合計残高試算表を作成しなさい。

現金　1

借方	貸方
100,000	40,000
80,000	36,000
42,000	80,000
	22,000

売掛金　2

借方	貸方
20,000	10,000
12,000	6,000
8,000	

商品　3

借方	貸方
120,000	72,000

備品　4

借方	貸方
50,000	

買掛金　5

借方	貸方
14,000	30,000

借入金　6

借方	貸方
10,000	48,000

資　本　金	7
	100,000

商品売買益	8
	20,000

受取手数料	9
	4,000

給　　料	10
8,000	

消耗品費	11
3,600	

支払利息	12
400	

合計残高試算表

令和○年12月31日

借方		元丁	勘定科目	貸方	
残　高	合　計			合　計	残　高
			現　　金		
			売　掛　金		
			商　　品		
			備　　品		
			買　掛　金		
			借　入　金		
			資　本　金		
			商品売買益		
			受取手数料		
			給　　料		
			消耗品費		
			支払利息		

2．上記1．の試算表から精算表を作成しなさい。

精　算　表

勘定科目	残高試算表		損益計算書		貸借対照表	
	借方	貸方	借方	貸方	借方	貸方
現金						
売掛金						
商品						
備品						
買掛金						
借入金						
資本金						
商品売買益						
受取手数料						
給料						
消耗品費						
支払利息						
当期純利益						

第8章

決　算　I

―決算の基本的な流れ―

これまで，取引から仕訳帳・総勘定元帳に記帳する日常の手続を学習してきた。ここでは，会計期間の終わり（期末）に作成する財務諸表（損益計算書・貸借対照表）の作成手続について学習する。ただし本章では，作成手続の基本的な流れを説明する。詳しくは，第17章から第19章で学習する。

なお，期末に行うこの一連の財務諸表作成のための手続を決算という。

1．簿記一巡の手続

日常の手続から財務諸表作成までの一連の流れを示すと次ページのようになる。企業は日々の取引を仕訳帳の総勘定元帳に記録し，必要に応じて試算表を作成している。そして，会計期間の終わり（期末）になると決算手続により財務諸表を作成する。

ここでは，決算手続について，基本的な内容のみ説明をしておく。具体的には，「収益・費用勘定の集計と締切り」，「純損益の資本への振替えと損益勘定の締切り」，「資産·負債·資本勘定の締切り」，「繰越試算表の作成」，および「財務諸表（貸借対照表・損益計算書）の作成」について基本的な内容を説明する。

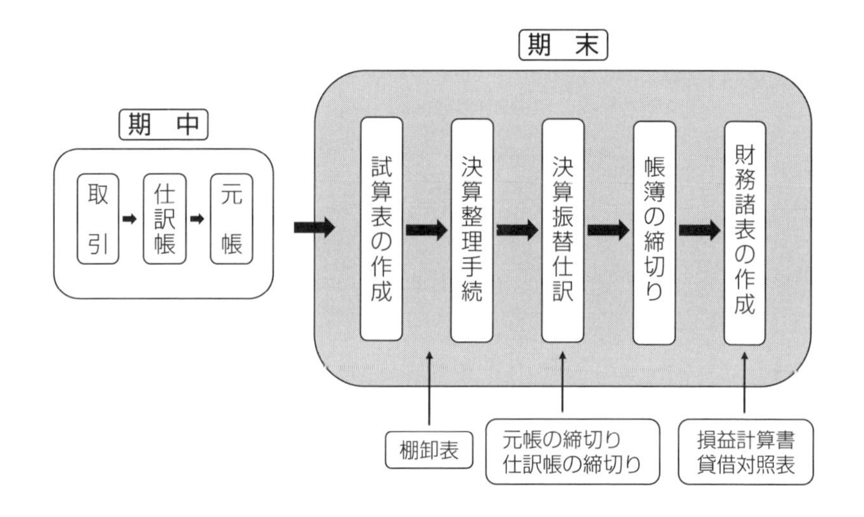

2．収益・費用勘定の集計と締切り

決算にあたり，まず収益の勘定と費用の勘定を締め切る。その際に，収益と費用の比較により，当期純損益を計算するために，総勘定元帳に新たに**損益勘定**を設ける。そして，この損益勘定に，収益の各勘定残高と費用の各勘定残高を集計し，当期純損益を計算する。損益勘定は，２つ以上の勘定残高を集めて記録する勘定なので，**集合勘定**と呼ばれる。

（1）収益の各勘定から損益勘定への振替え

収益の各勘定と費用の各勘定から損益勘定へ金額を移すことを**振替え**といい，そのための仕訳を**振替仕訳**という。

まず，収益の各勘定の残高を損益勘定に振り替える。このとき，収益の各勘定は貸方残高であるため，損益勘定の貸方に移し替えることになる。そして，収益の各勘定は移し替えにより金額がゼロとなるように，その残高を借方に記入することになる。そして，収益の各勘定の残高がゼロになったら，締め切りを行う。

収益の各勘定の残高を損益勘定へ振り替える仕訳は，次のようになる。

12/31	（借）	商品売買益	255,000	（貸）	損　　　益	270,000
	（借）	受取手数料	15,000			

なお，ここに示す数値は，第７章の試算表（残高試算表）の金額を用いている。以下の仕訳や元帳の金額も同様である。

商品売買益勘定の転記の流れを示す。太字・斜体の箇所である。

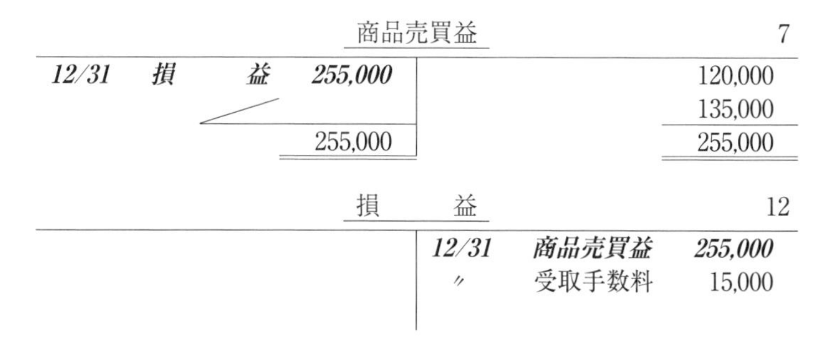

商品売買益　7

12/31	***損　　益***	***255,000***			120,000
					135,000
		255,000			255,000

損　　益　12

			12/31	***商品売買益***	***255,000***
			〃	受取手数料	15,000

損益勘定は後で説明するが，損益計算書を作成する際の基本資料となるので，**相手科目が複数あっても，諸口とは記入しない**ことに留意する必要がある。この点は，次の費用勘定の転記においても同様である。

（２）費用の各勘定から損益勘定への振替え

次に費用の各勘定を損益勘定へ振替えを行い，締め切る。収益の各勘定と同じように，費用の各勘定から損益勘定に残高を移し替えるため，その残高がゼロになるように記録を行う。したがって，費用の各勘定の貸方にその残高を記入するとともに，損益勘定の借方に記入することになる。仕訳は次のとおりである。

12/31	（借）	損　　　益	140,000	（貸）	給　　　料	120,000
				（貸）	通　信　費	15,000
				（貸）	雑　　　費	5,000

給料勘定の転記の流れを示す。太字・斜体の箇所である。

給　料　9

		120,000	***12/31***	***損　　益***	***120,000***

損　益　12

12/31	***給　　料***	***120,000***	12/31	商品売買益	255,000
〃	通　信　費	15,000	〃	受取手数料	15,000
〃	雑　　費	5,000			

3．純損益の資本への振替えと損益勘定の締切り

次に，損益勘定の残高（当期純損益）を資本（純資産）の勘定である資本金勘定に振り替える。つまり，損益勘定の残高を資本金勘定に移し替え，損益勘定の残高をゼロにする仕訳を行うことになる。当期純利益の場合は資本金勘定の貸方に残高を記入し，同時に同額を損益勘定の借方に記入する仕訳をすることになる。そして，転記した後，損益勘定を締め切る。

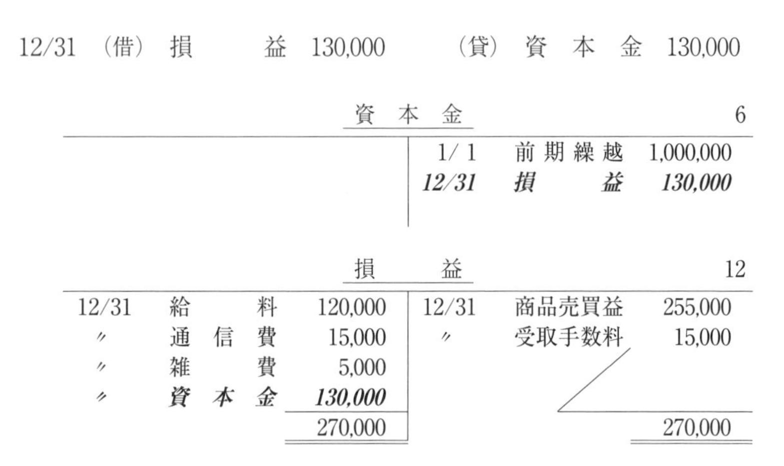

12/31	（借）	損　　益	130,000	（貸）	資　本　金	130,000

資　本　金　6

			1/ 1	前期繰越	1,000,000
			12/31	***損　　益***	***130,000***

損　益　12

12/31	給　　料	120,000	12/31	商品売買益	255,000
〃	通　信　費	15,000	〃	受取手数料	15,000
〃	雑　　費	5,000			
〃	***資　本　金***	***130,000***			
		270,000			270,000

総勘定元帳の収益・費用勘定（一部）と損益勘定を標準式で示すと次のようになる。

商品売買益　7

月	日	摘要	仕丁	借方	月	日	摘要	仕丁	貸方
12	31	損　　益	16	255,000	12	5	売　掛　金	1	120,000
						19	現　　金	2	135,000
				255,000					255,000

給　　料　9

月	日	摘要	仕丁	借方	月	日	摘要	仕丁	貸方
12	31	現　　金	8	120,000	12	23	損　　益	16	120,000

損　　益　12

月	日	摘要	仕丁	借方	月	日	摘要	仕丁	貸方
12	31	給　　料	16	120,000	12	31	商品売買益	16	255,000
	〃	通　信　費	〃	15,000		〃	受取手数料	〃	15,000
	〃	雑　　費	〃	5,000					
	〃	資　本　金	〃	130,000					
				270,000					270,000

4．資産・負債・資本勘定の締切り

資産・負債・資本の勘定は，帳簿上で残高をゼロにして締め切る。たとえば，現金の期末残高は次期に支払手段として利用できる。また，売掛金の残高は次期に受取りを請求できる権利である。さらに，買掛金の残高は，次期に支払わなければならない義務である。そして資本金は，企業が存続する限り元手として継続していくことになる。つまり，貸借対照表科目はすべて次期に繰り越すことになる。

具体的には，資産の各勘定は，貸方に**次期繰越**として残高を記入し，負債・資本の各勘定は，借方に次期繰越として残高を記入する。ただし，実際は資産の各勘定は借方に，負債・資本の各勘定は貸方に残高があるため，注意を喚起する意味で次期繰越とその残高は朱書することになる。

さらに，この次期繰越額は次期の開始時点では，最初から存在する資産・負債・資本となる。したがって，次期繰越とは逆側に同額を**前期繰越**として黒書する。この記入を**開始記入**という。

現　　金

日付	摘要	金額	日付	摘要	金額
		960,000			230,000
		90,000			370,000
		250,000	**12/31**	**次期繰越**	**700,000**
		1,300,000			1,300,000
1/1	前期繰越	700,000			

買　掛　金

日付	摘要	金額	日付	摘要	金額
		80,000			222,000
		70,000			300,000
12/31	**次期繰越**	**372,000**			
		522,000			522,000
			1/ 1	前期繰越	372,000

資　本　金

日付	摘要	金額	日付	摘要	金額
12/31	**次期繰越**	**1,130,000**	1/ 1	前期繰越	1,000,000
			12/31	損　益	130,000
		1,130,000			1,130,000
			1/ 1	前期繰越	1,130,000

5．繰越試算表の作成

各勘定の締め切りが終ったら，資産・負債・資本の各勘定の繰越額を集めた**繰越試算表**を作成する。次の図では，現金勘定しか示していないが，他の勘定も同様に繰越額を繰越試算表に移していくことになる。

現　　金

		960,000			230,000
		90,000			370,000
		250,000	12/31	次期繰越	**700,000**
		1,300,000			1,300,000
1/1	前期繰越	700,000			

繰越試算表

令和○年12月31日

借　　方	元丁	勘定科目	貸　　方
700,000	1	現　　　金	
369,000	2	売　掛　金	
150,000	3	商　　　品	
283,000	4	備　　　品	
	5	買　掛　金	372,000
	6	資　本　金	1,130,000
1,502,000			1,502,000

６．貸借対照表の作成

すでに学習したが，貸借対照表は一定時点（一定の日）の資産と負債・資本を対照して表示することにより，その時点における企業の財政状態を明らかにする決算書である。期末に作成するものを期末貸借対照表といい，継続している企業はこれを毎期末に作成することが義務づけられているため，一般的に貸借対照表といえば，期末貸借対照表を指す。

貸借対照表は，繰越試算表から作成する。その際，繰越試算表の資本金の額は期末資本の額，すなわち［期首資本±純損益］の額で示されているので注意が必要である。貸借対照表の資本金の額は期首資本の額であり，純損益は別に記入することになる。期首資本が￥1,000,000であれば，次ページのように記載する。

繰越試算表

令和○年12月31日

借方	元丁	勘定科目	貸方
700,000	1	現金	
369,000	2	売掛金	
150,000	3	商品	
283,000	4	備品	
	5	買掛金	372,000
	6	資本金	1,130,000
1,502,000			1,502,000

貸借対照表

佐賀商店　令和○年12月31日

資産	金額	負債および資本	金額
現金	700,000	買掛金	370,000
売掛金	369,000	資本金	1,000,000
商品	150,000	当期純利益	130,000
備品	283,000		
	1,502,000		1,502,000

資本金勘定から
（期首の資本金と当期純利益に区別する）

7．損益計算書の作成

すでに学習したが，損益計算書は1会計期間の費用と収益を対照表示し，経営成績を明らかにする報告書である。

損益計算書は，損益勘定を基にして作成される。ただし，損益勘定で計算した当期純利益は，損益計算書では，資本金勘定へ振り替える必要はないので，当期純利益と朱書することになる。つまり，損益勘定への記入は振替仕訳の転記であるため，相手科目の資本金が記入されている。損益計算書は第3章で学習したように，貸借差額は当期純利益として朱書することになる。

損　益　12

12	31	給料	16	120,000	12	31	商品売買益	16	255,000
	〃	通信費	〃	15,000		〃	受取手数料	〃	15,000
	〃	雑費	〃	5,000					
	〃	資本金	〃	130,000					
				270,000					270,000

損益計算書

佐賀商店　　令和○年1月1日から令和○年12月31日まで

費用	金額	収益	金額
給料	120,000	商品売買益	255,000
通信費	15,000	受取手数料	15,000
雑費	5,000		
当期純利益	**130,000**		
	270,000		270,000

【練習問題】

1．福岡商店の令和○年12月31日における総勘定元帳の記録は，次のとおりである。

（1）　決算振替仕訳を行いなさい。

（2）　資本金勘定・損益勘定に記入し，締め切りなさい（日付，相手科目，金額を記入すること）。

（3）　繰越試算表を作成しなさい。

現金　1

借方	貸方
146,000	

売掛金　2

借方	貸方
300,000	

商品　3

借方	貸方
240,000	

備品　4

借方	貸方
200,000	

買掛金　5

借方	貸方
	160,000

商品売買益　6

借方	貸方
	330,000

給料　8

借方	貸方
168,000	

支払家賃　9

借方	貸方
30,000	

雑費　10

借方	貸方
6,000	

(1)

	借　　方	金　額	貸　　方	金　額
12/31				
〃				
〃				

(2)

損　　益

資　本　金

	600,000

(3)

繰　越　試　算　表

令和○年12月31日

借　　方	元丁	勘　定　科　目	貸　　方
	1	現　　　　金	
	2	売　　掛　　金	
	3	商　　　　品	
	4	備　　　　品	
	5	買　　掛　　金	
	6	資　　本　　金	

2．前問1．の損益勘定と繰越試算表から貸借対照表と損益計算書を作成しなさい。

損　益　計　算　書

(　　　　) 商店　令和○年１月１日から令和○年12月31日まで

費　　用	金　　額	収　　益	金　　額

貸　借　対　照　表

(　　　　) 商店　　　　　　　令和○年12月31日

資　　産	金　　額	負債および純資産	金　　額

第Ⅱ部

日々の取引と記帳

第9章

現金・預金の記帳

ここでは，現金，当座預金，その他の預貯金，および小口現金の内容と，補助簿の記入方法について学習する。なお，本章で取り扱う補助簿は，現金の補助簿としての現金出納帳，当座預金の補助簿としての当座預金出納帳，小口現金の補助簿としての小口現金出納帳である。

1．現　　金

（1）簿記上の現金とは

簿記でいう現金（cash）には，紙幣や硬貨などの通貨のほかに，いつでも現金に換えることのできる**通貨代用証券**も含まれる。通貨代用証券とは，主に次のようなものである。ただし，④と⑤は本書の対象外である（日商簿記検定では2級の出題範囲となっている）。

①他人振出しの小切手　**②送金小切手**　**③郵便為替証書**
④支払期限の到来した公社債の利札　⑤配当金領収書　など

（2）現金の会計処理

簿記上の現金が増加したり，減少したりする取引は，現金勘定（資産）を用いて処理をする。現金が増加した場合は，現金勘定の借方に，現金が減少した場合は貸方に記入する。

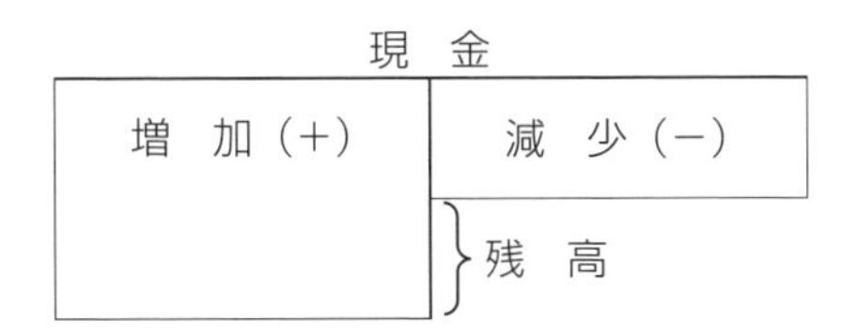

例題9－1

次の取引について仕訳を行いなさい。

（1）　神戸商店から売掛金の回収として，同店振出しの小切手 ¥20,000を受け取った。

（2）　島根商店から売掛金の回収として，郵便為替証書 ¥40,000を受け取った。

解　答

	借　　方	金　額	貸　　方	金　額
（1）	現　　金	20,000	売　掛　金	20,000
（2）	現　　金	40,000	売　掛　金	40,000

2．現金出納帳

（1）現金出納帳とは

現金に関する取引は，総勘定元帳の現金勘定に記帳される。**現金出納帳**は，現金に関する取引の明細を記入する帳簿である。仕訳帳と総勘定元帳を主要簿というのに対し，現金出納帳は，総勘定元帳の現金勘定の記録を補う役割をもつので**補助簿**という。補助簿はある勘定や特定の取引の明細を記録する帳簿であり，他に当座預金出納帳や仕入帳，売上帳などがある。

（2）現金出納帳の書式

現金出納帳の書式は次ページのとおりである。

現 金 出 納 帳 3

令和 ○年		摘 要	収 入	支 出	残 高

例題9－2

次の取引を現金出納帳に記入し，締め切りなさい。なお開始記入も示すこと（ただし，前月繰越は¥120,000であった）。

7月3日 熊本商店から売掛金¥60,000を現金で受け取った。

15日 長崎商店から商品¥30,000を仕入れ，現金で支払った。

27日 大分商店の商品売買の仲介を行い，手数料¥14,000を送金小切手で受け取った。

解 答

現 金 出 納 帳

令和 ○年		摘 要	収 入	支 出	残 高
7	1	前月繰越	120,000		120,000
	3	熊本商店から売掛金回収，現金受取り	60,000		180,000
	15	長崎商店から商品を仕入れ，現金支払い		30,000	150,000
	27	大分商店から仲介手数料，送金小切手受取り	14,000		164,000
	31	次月繰越		164,000	
			194,000	194,000	
8	1	前月繰越	164,000		164,000

3．現金過不足

（1）現金過不足とは

現金の実際有高が帳簿残高よりも多かったり，少なかったりして一致しない場合がある。このように，実際有高と帳簿残高が一致しないことを**現金過不足**という。

（2）現金過不足の会計処理

現金の実際有高と帳簿残高が一致せず，その原因が明らかでない場合は，帳簿残高を実際有高に一致させるために，不一致額を一時的に**現金過不足勘定**に記入しておく。そして後日，不一致額が判明した場合，正しい勘定への振替えを行う。

なお，決算日までに原因が判明しない場合は，**雑損**または**雑益**として振替処理をする。

①　**実際有高が帳簿残高より少ない場合**（実際有高＜帳簿残高）

現金の実際有高が帳簿残高よりも少ない場合は，不足額を現金勘定の貸方と現金過不足勘定の借方に記入して，実際有高に合わせる処理をする。

そして，不一致の原因が判明した時は，その金額を現金過不足勘定の貸方に記入するとともに，正しい勘定の借方に記入する。

※実際の現金過小額＝現金実際有高－現金勘定帳簿残高
（マイナス）

仕訳例

（借）現金過不足　×××　（貸）現　　　金　×××

例題9－3

次の一連の取引について仕訳を行いなさい。

8月3日　現金の実際有高を調べたところ，実際有高は¥36,000で帳簿残高¥40,000より¥4,000不足していた。

8月15日　不一致の原因を調べたところ交通費の支払額¥3,000の記帳漏れが判明した。

9月30日　本日，決算であるが，現金過不足勘定の残高¥1,000は原因が不明であるため，雑損とする。

解　答

	借　　方	金　額	貸　　方	金　額
8/3	現金過不足	4,000	現　　金	4,000
15	交　通　費	3,000	現金過不足	3,000
9/30	雑　　損	1,000	現金過不足	1,000

②　実際有高が帳簿残高より多い場合（実際有高＞帳簿残高）

現金の実際有高が帳簿残高よりも多い場合は，過剰額を現金勘定の借方と現金過不足勘定の貸方に記入して，実際有高に合わせる処理をする。

不一致の原因が判明した時は，その金額を現金過不足勘定の借方に記入するとともに，正しい勘定の貸方に記入する。

現　　金

借方	貸方
帳簿残高	
実際の現金超過額	

現金過不足

借方	貸方
	実際の現金超過額

※実際の現金超過額＝現金実際有高－現金勘定帳簿残高
（プラス）

仕訳例

（借）現　　　金　×××　　（貸）現金過不足　×××

例題9－4

次の一連の取引について仕訳を行いなさい。

9月7日　現金の実際有高を調べたところ，実際有高は￥180,000で帳簿残高￥172,000より￥8,000過剰であった。

9月17日　不一致の原因を調べたところ売掛金の回収額￥6,000の記帳漏れが判明した。

9月30日　本日，決算であるが，現金過不足勘定の残高￥2,000は原因が不明であるため，雑益とする。

解　答

	借　　方	金　額	貸　　方	金　額
9/7	現　　金	8,000	現金過不足	8,000
17	現金過不足	6,000	売　掛　金	6,000
9/30	現金過不足	2,000	雑　　益	2,000

4．当座預金

(1) 当座預金とは

当座預金は，銀行と当座取引契約を結んで当座預金口座を開設し，預金の引出しに**小切手**を使用する。さらに普通預金などとは異なり，預金利息が発生しない。つまり，いくら預金しても無利息である。

(2) 当座預金の仕組み

小切手は次のような仕組みで決済される。なおここでは，宮崎商店が鹿児島商店より商品を仕入れ，その仕入代金を小切手を作成して支払ったと仮定している。

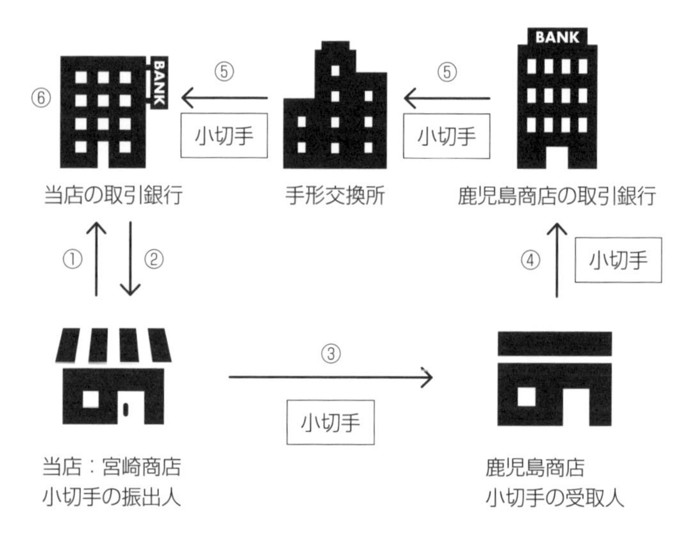

①　当座預金口座を開設し，現金を預け入れる。

②　小切手帳と当座預金入金票綴りを受け取る。

③　掛け代金の支払いなどのために，小切手を振り出す。

④　鹿児島商店は受け取った小切手を，鹿児島商店の取引銀行へ取立てを依頼して換金する。

⑤　手形交換所へ各銀行が小切手を持ち寄り交換する。

⑥　当店（宮崎商店）の当座預金口座から引き落とされる。

（3）当座預金の会計処理

当座預金の口座への預入れや小切手の振出しなどは，**当座預金勘定**で処理される。

①　当座預金に預け入れた場合――通貨や他人振出しの小切手などを預け入れたときや当座預金口座への振込みを受けたときは，当座預金勘定の借方に記入する。

②　当座預金を引き出した場合――小切手を振り出したときや自動引落しによる引出しが行われたときは，当座預金勘定の貸方に記入する。

③　他人振出の小切手を受け取り，ただちに当座預金に預け入れた場合——
他人振出の小切手を受け取り，ただちに当座預金に預け入れた場合は，現金勘定の借方に記入するのではなく，当座預金勘定の借方に記入する。

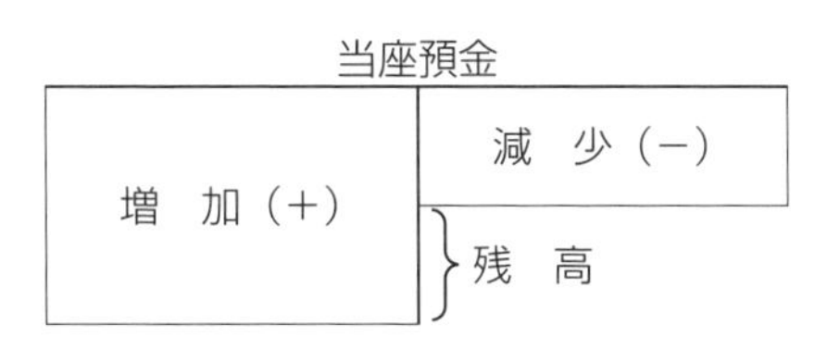

例題9－5

次の取引について仕訳を行いなさい。

（1）　横浜銀行と当座取引契約を結び，現金¥80,000を預け入れた。

（2）　仕入先長崎商店の買掛金¥20,000を，小切手を振り出して支払った。

（3）　得意先北九州商店より売掛金¥120,000を小切手で受け取り，ただちに当座預金へ預け入れた。

（4）　広島商店から売掛金¥80,000の回収として，当店が振り出した小切手で受け取った。

解　答

	借　方	金　額	貸　方	金　額
（1）	当座預金	80,000	現　金	80,000
（2）	買掛金	20,000	当座預金	20,000
（3）	当座預金	120,000	売掛金	120,000
（4）	当座預金	80,000	売掛金	80,000

※（4）について：当店が振り出した小切手は，振り出したときに当座預金の減少として処理している。（4）ではこの小切手が戻ってきたため，当座預金の減少を取り消す処理をすることになる。つまり，当座預金を増加させる仕訳をすることになる。

5．当座借越

（1）当座借越とは

あらかじめ銀行と**当座借越契約**を結んでおけば，自己の当座預金残高を超えて小切手を振り出すことができる。これを**当座借越**という。当座借越は，銀行からの一時的な借入れを意味する。

（2）当座借越の会計処理

当座預金の残高を超えて引き出した場合，たとえ当座預金残高を超えたとしても，当座預金勘定の貸方に記入する。通常，資産は借方残高となるが，当座借越が生じている場合は，貸方残高となる。

ただし，貸方残高の状態で決算を迎えた場合は，当座預金勘定から，**当座借越勘定**（または**借入金勘定**）の貸方へ振り替える。

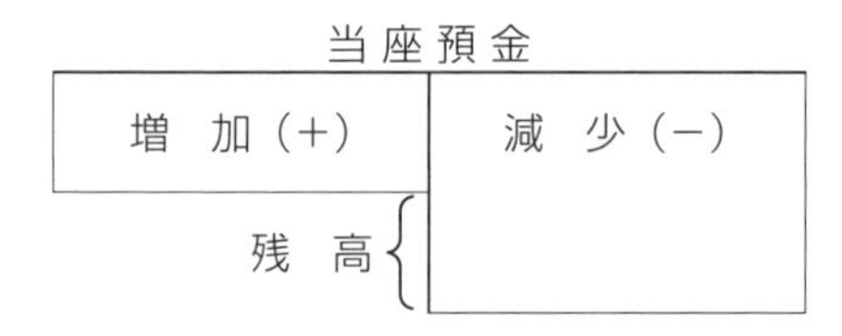

例題9－6

9月3日　岡山商店の買掛金￥150,000を小切手を振り出して支払った。なお当座預金の残高は，￥100,000で，限度額￥200,000の当座借越契約を結んでいる。

10日　鹿児島商店からの売掛金￥140,000を小切手で受け取り，ただちに当座預金に預け入れた。

20日　北九州商店より商品￥120,000を仕入れ，代金は小切手を振り出して支払った。

30日　本日決算であり，当座預金勘定残高（貸方残高）を当座借越勘定へ振り替えた。

解　答

	借　方	金　額	貸　方	金　額
9/3	買掛金	150,000	当座預金	150,000
10	当座預金	140,000	売掛金	140,000
20	商　品	120,000	当座預金	120,000
30	当座預金	30,000	当座借越	30,000

6．当座預金出納帳

（1）当座預金出納帳とは

当座預金に関する取引は，総勘定元帳の当座預金勘定に記入される。**当座預金出納帳**は，当座預金に関する取引の明細を記入する帳簿である。当座預金出納帳も現金出納帳と同じように補助簿である。

（2）当座預金出納帳の書式

当座預金出納帳の書式は次のとおりである。

当　座　預　金　出　納　帳　　4

令和○年		摘　要	預　入	引　出	借または貸	残　高

例題9－7

次の取引を当座預金出納帳に記入し，締め切りなさい。なお，開始記入も示すこと（ただし，限度額￥400,000の当座借越契約を結んでおり，前月繰越は￥240,000である）。

9月6日　熊本商店の買掛金￥300,000を，小切手#11を振り出して支払った。

9月12日　長崎商店から売掛金の回収として￥500,000を同店振出しの小切手で受け取り，ただちに当座預金に預け入れた。

9月21日　本月分の給料￥160,000を，小切手#12を振り出して支払った。

解　答

当　座　預　金　出　納　帳

令和○年		摘　　要	預　入	引　出	借または貸	残　高
9	1	前月繰越	240,000		借	240,000
	6	熊本商店に買掛金の支払い　小切手#11		300,000	貸	60,000
	12	長崎商店から売掛金の回収	500,000		借	440,000
	21	本月分給料支払い　小切手#12		160,000	〃	280,000
	30	**次月繰越**		280,000		
			740,000	740,000		
10	1	前月繰越	280,000		借	280,000

※「借または貸」欄について：第4章・第6章で学習した残高式の勘定口座への記入と同じである。つまり，右側に示される残高が，借方残高であれば「借」と，貸方残高であれば「貸」と記入する。

7．その他の預金

当座預金以外の預金には，**普通預金**，**通知預金**，**定期預金**，**別段預金**などがあり，それぞれ預金名と同じ勘定口座を設けて記帳を行う。

例題9－8

次の取引について仕訳を行いなさい。

（1） 現金￥500,000を朝倉銀行に1年の定期預金として預け入れた。

（2） 朝倉銀行に預け入れていた上記の預金が満期となったので，利息￥3,000とともに普通預金に預け入れた。

解 答

	借 方	金 額	貸 方	金 額
(1)	定期預金	500,000	現 金	500,000
(2)	普通預金	503,000	定期預金	500,000
			受取利息	3,000

※定期預金や普通預金には，銀行名を付した勘定を用いる場合もある。いずれの銀行に預金しているのかを明らかにするためである。たとえば，「**定期預金朝倉銀行**」や「**普通預金朝倉銀行**」などの勘定を用いる。

8．小口現金

(1) 小口現金とは

交通費や収入印紙代，切手代などの日常の少額の経費の支払いは，会計係があらかじめ**庶務係**（**用度係**などともいう）に必要な資金を前渡しして，そこから経費の支払いを行う方法がとられる。このための現金を**小口現金**という。

(2) 定額資金前渡法とは

小口現金の支給方法は**定額資金前渡法**（**インプレスト・システム**）が多く使われる。この方法は，1カ月や1週間などの一定期間の支払額を予測して，会計係が小切手を振り出して庶務係に前渡しをしておく。そしてその後，一定期間の支払額の報告を受け，使用した金額を補給するシステムである。一連の流れを示すと次ページのとおりである。

① 会計係は一定期間の支払額を予測して，その金額の小切手を庶務係に渡す。
② 庶務係は小切手を取引銀行で現金に換え，手許に保管する。
③ 庶務係は日常の少額の支払いを小口現金から行い，小口現金出納帳（(4)(5) で説明を行う）に記入する。
④ 庶務係は，一定期間終了後，会計係に小口現金の支出明細について報告する。
⑤ 会計係は，報告を受けて，仕訳帳への記入と総勘定元帳への転記を行う。さらに，報告された支払高と同額の小切手を庶務係に渡す。

(3) 小口現金の会計処理

庶務係は，小口現金の支払いを行い，小口現金出納帳へ記入し，明細を会計係に報告する。会計係は，庶務係から報告を受けて，仕訳帳への記入と総勘定元帳への転記を行う。つまり，庶務係は仕訳帳への記入と総勘定元帳への転記を行わないことになる。

① 小口現金を前渡ししたとき――会計係が小切手を振り出して，庶務係に渡した時点で，通常の現金勘定と区別して，**小口現金勘定**の借方に記入する。
② 小口現金で支払ったとき――庶務係は交通費や収入印紙代，切手代などの日常の少額の支払いを行い，小口現金出納帳に記入する。会計係は報告をまだ受けていないので，仕訳は行われない。
③ 会計係が庶務係から支払いの報告を受けたとき――会計係は，庶務係から一定期間の支出明細について報告を受けた時点で，該当する各費用の勘定の借方に記入し，小口現金の支払額を小口現金勘定の貸方に記入する。
④ 小口現金を補給したとき――会計係は，庶務係に小切手を振り出して小口現金を補給した場合，小口現金勘定の借方へ記入する。
⑤ 支払いの報告と小口現金の補給が同時の場合――会計係は，庶務係から支払いの報告を受け，ただちに小口現金を小切手で補給した場合は，小口

現金勘定への記帳を省略することができる。つまり，当座預金を直接減額する処理を行えばよい。

例題9－9

（1）　定額資金前渡法により，庶務係に小切手￥50,000を振り出して前渡しした。

（2）　庶務係は小口現金から郵便切手代￥300とタクシー代￥1,000を小口現金で支払った。

（3）　会計係に庶務係から次のような支払いの報告があった。
　通信費￥2,500　　交通費￥3,000　　消耗品費￥950

（4）　庶務係に小切手￥6,450を振り出して小口現金を補給した（上記④のケース）。

（5）　会計係に庶務係から次のような支払いの報告があり，ただちに小切手を振り出して小口現金を補給した（上記⑤のケース）。
　通信費￥2,500　　交通費￥3,000　　消耗品費￥950

解　答

	借　　方	金　額	貸　　方	金　額
（1）	小口現金	50,000	当座預金	50,000
（2）	仕訳なし			
（3）	通信費	2,500	小口現金	6,450
	交通費	3,000		
	消耗品費	950		
（4）	小口現金	6,450	当座預金	6,450
（5）	通信費	2,500	当座預金	6,450
	交通費	3,000		
	消耗品費	950		

（4）小口現金出納帳

小口現金の収支の明細を発生順に記録するための補助簿を**小口現金出納帳**という。この帳簿は庶務係が記帳する。

（5）小口現金出納帳の記入方法

小口現金出納帳の様式は次のとおりである。

小　口　現　金　出　納　帳　　5

<table>
<tr><th rowspan="2">受　入</th><th colspan="2" rowspan="2">令和
○年</th><th rowspan="2">摘　要</th><th rowspan="2">支　払</th><th colspan="4">内　　訳</th><th rowspan="2">残　高</th></tr>
<tr><th>通信費</th><th>交通費</th><th>消耗品費</th><th>雑費</th></tr>
<tr><td></td><td></td><td></td><td></td><td></td><td></td><td></td><td></td><td></td><td></td></tr>
</table>

例題9－10

次の取引を小口現金出納帳に記入し，締め切りなさい。なお，定額資金前渡制（インプレスト・システム）を採用し，小口現金係は月末の営業時間終了時にその月の支払いを報告し，資金の補給を受けている。また，前月繰越額は¥30,000であった。

10月５日　茶菓子代　¥1,500
10月13日　郵便切手代　¥700
10月14日　電車回数券　¥1,200
10月18日　文房具代　¥200
10月21日　タクシー代　¥1,500
10月23日　コピー用紙代　¥300
10月24日　電話料金　¥3,500
10月30日　新聞代　¥4,000
10月31日　報告を受け，小切手を振り出して小口現金を補給。

解　答

小　口　現　金　出　納　帳

受　入	令和○年		摘　要	支　払	内　訳				残　高
					通信費	交通費	消耗品費	雑費	
30,000	10	1	前月繰越						30,000
		5	茶菓子代	1,500				1,500	28,500
		13	郵便切手代	700	700				27,800
		14	電車回数券	1,200		1,200			26,600
		18	文房具代	200			200		26,400
		21	タクシー代	1,500		1,500			24,900
		23	コピー用紙代	300			300		24,600
		24	電話料金	3,500	3,500				21,100
		30	新聞代	4,000				4,000	17,100
			合　計	12,900	4,200	2,700	500	5,500	
12,900		31	小切手						30,000
		〃	**次月繰越**	**30,000**					
42,900				42,900					
30,000	11	1	前月繰越						30,000

【練習問題】

1．次の取引について仕訳を行いなさい。

① 大分商店から売掛金の回収として郵便為替証書 ¥20,000を受け取った。

② 宮崎商店に商品 ¥90,000（原価 ¥70,000）を売り渡し，代金のうち ¥60,000を送金小切手で受け取り，残りは掛けとした。

③ 佐賀商店から売掛金 ¥150,000の回収として，¥80,000の郵便為替証書と現金 ¥70,000を受け取った。

	借　方	金　額	貸　方	金　額
①				
②				
③				

2．次の一連の取引について仕訳を行いなさい。

9月16日　現金の実際有高を調べたところ，実際有高は¥7,000で，帳簿残高¥10,000より¥3,000不足していた。

23日　不一致の原因を調べたところ借入金の利息¥3,000を支払っていたが，まだ記入していなかった。

	借　方	金　額	貸　方	金　額
9/16				
23				

3．次の一連の取引について仕訳を行いなさい。

10月8日　現金の実際有高を調べたところ、実際有高は¥99,000で，帳簿残高¥95,000より¥4,000過剰であった。

9日　不一致の原因を調べたところ商品売買の仲介による手数料¥4,000の受取りをまだ記入していなかった。

	借　方	金　額	貸　方	金　額
10/8				
9				

4．次の取引について仕訳を行いなさい。

① 大阪銀行と当座取引契約を結び，現金¥200,000を預け入れた。

② 仕入先長崎商店の買掛金¥40,000を小切手を振り出して支払った。

③　得意先佐賀商店より売掛金￥80,000を小切手で受け取り，ただちに当座預金へ預け入れた。

④　熊本商店から売掛金￥100,000を当店が振り出した小切手で受け取った。

⑤　宮崎商店の買掛金￥140,000を小切手を振り出して支払った。なお当座預金の残高は，￥60,000で，限度額￥200,000の当座借越契約を結んでいる。

⑥　沖縄商店から売掛金￥240,000を小切手で受け取り，ただちに当座預金に預け入れた。

	借　　方	金　額	貸　　方	金　額
①				
②				
③				
④				
⑤				
⑥				

5．次の取引の仕訳をするとともに，当座預金出納帳にも記入し，締め切りなさい。なお，開始記入も示すこと（ただし，限度額￥600,000の当座借越契約を結んでおり，前月繰越は￥350,000である）。

11月５日　事務用机￥200,000を買い入れ，小切手＃21を振り出して支払った。
　　12日　福岡商店の買掛金￥180,000を小切手＃22を振り出して支払った。
　　18日　佐賀商店から売掛金の回収として￥600,000を同店振出しの小切手で受け取り，ただちに当座預金に預け入れた。
　　27日　本月分の給料￥240,000を小切手＃23を振り出して支払った。

	借　　方	金　額	貸　　方	金　額
11/5				
12				
18				
27				

当座預金出納帳

令和○年		摘　　要	預　入	引　出	借または貸	残　高

6．次の取引について仕訳を行いなさい。

① 定額資金前渡法により，庶務係に小切手 ¥40,000を振り出して前渡しした。

② 会計係に庶務係から次のような支払いの報告があった。

通信費 ¥6,000　　交通費 ¥2,000　　消耗品費 ¥2,400

③ 庶務係に小切手 ¥10,400を振り出して小口現金を補給した。

	借　　方	金　額	貸　　方	金　額
①				
②				
③				

7．① 小口現金出納帳に必要な記入を行いなさい。なお，定額資金前渡法により庶務係は，毎月月末に資金の補給を受けている。また，前月繰越額は ¥20,000であった。

5月7日　コピー用紙代　¥200

12日　電車回数券　¥1,400

14日　郵便切手代　¥700

15日　文房具代　¥350
19日　電話料金　¥3,000
21日　茶菓子代　¥700
22日　タクシー代　¥2,500
30日　新聞代　¥4,000

②　５月31日に会計係は庶務係から小口現金の支払いの報告を受け，ただちに同額を小切手を振り出して補給した。

小口現金出納帳

受入	令和○年		摘要	支払	内訳				残高
					通信費	交通費	消耗品費	雑費	

第10章

商品売買の記帳

ここでは，新しい商品売買に関する記帳法について学習する。これまでの商品売買に関する取引は，分記法という方法を用いて記帳してきた。しかし，この方法には欠点がある。商品を販売する都度，その仕入原価を調査しなければならない。処理が煩雑である。本章では，その点を克服した3分法による記帳方法について学習する。

1．分記法と3分法

(1) 分 記 法

これまで学んできた商品売買に関する取引の記帳は，商品を仕入れたときに，その商品の仕入原価を商品勘定の借方に記入した。また，売り渡したときは，商品勘定の貸方にその商品の仕入原価（これを**売上原価**という）を記入し，売価と売上原価との差額は，商品売買益勘定の貸方に記入した。このように，売価を仕入原価の部分と商品売買益の部分とに分けて記帳する方法を**分記法**という。

前期の売れ残り（前期繰越）が¥500で，当期の仕入れが¥1,000であった企業を想定する。そして，原価¥1,000の商品を¥1,200で売却した場合の勘定記入を示すと，次のようになる。

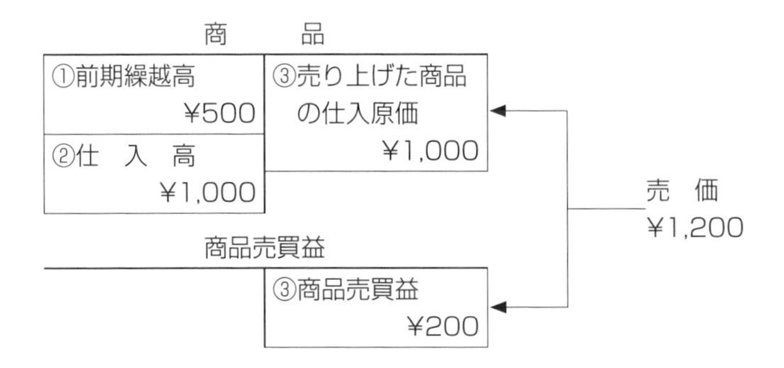

ただし，分記法には欠点がある。商品の販売のつど，商品の仕入原価を調べて売買益を計算しなければならない。したがって，商品の種類が多い場合や売買取引が多い場合は不便であり，実務上の適用はきわめて限られてしまう。

(2) 3分法

そこで，商品売買の記帳を，①**繰越商品勘定**（資産の勘定），②**仕入勘定**（費用の勘定），③**売上勘定**（収益の勘定）の３つの勘定を用いて処理する**3分法**が広く用いられている。

なお，繰越商品勘定については，決算時点で把握される勘定であるため，第17章（決算Ⅱ）で詳しく説明している。したがって，ここでは簡単な説明にとどめておく。

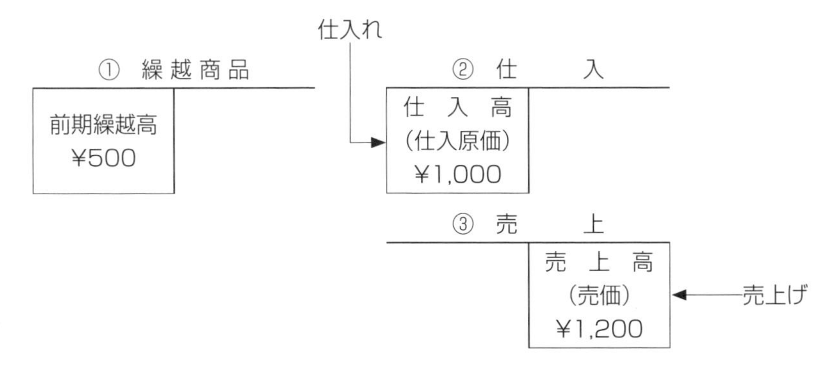

①　**繰越商品勘定**……前期より繰り越された商品の有高が仕入原価で記入されている。なお，この金額は決算において，仕入勘定に振り替えられる。

そしてさらに，仕入勘定から当期に売れ残った金額が繰越商品勘定へ振り替えられることになる（詳細は第19章）。

② **仕入勘定**……当期に商品を仕入れるつど，その**仕入高**（仕入原価）を借方に記入し，**仕入戻し・仕入値引き**などがあれば貸方に記入する。商品を仕入れるときに，引取運賃や保険料などを支払うことがある。これらの費用を**仕入諸掛り**といい，商品の購入代価に仕入諸掛りを含めて仕入勘定の借方に記入する（以下の（3）の図表を参照）。

③ **売上勘定**……当期に商品を売り上げるつど，その**売上高**（売価）を貸方に記入し，**売上戻り・売上値引き**などがあれば借方に記入する（以下の（3）の図表を参照）。

（3）仕入勘定・売上勘定補説

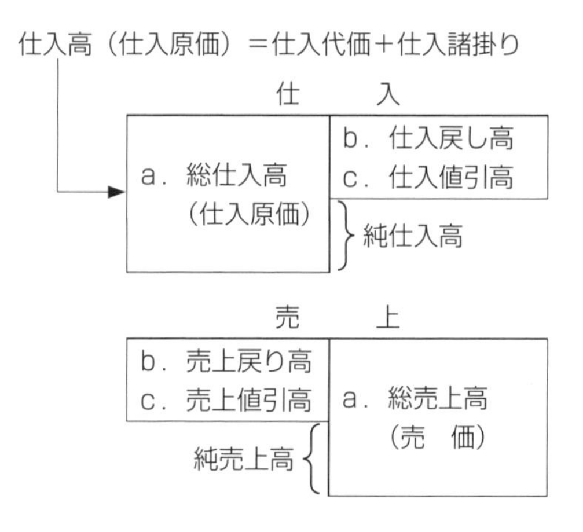

a．仕入代価に仕入諸掛り（付随費用）を加えた額が，**総仕入高**（仕入原価）となる。そして，売却の場合は，売却額が**総売上高**となる。

b．仕入れた商品が破損していたり，注文と違っていたりしたときに，仕入先へ返品することを仕入戻しという。売り手からみれば，売上戻りとなる。

c．仕入れた商品に多少の傷みや，汚れがあった場合などに，仕入先から値引きを受けることがある。これを仕入値引きという。売り手からみれば売上値引きとなる。

(4) 発送費の会計処理

商品を売り渡すときに支払った発送運賃などの**発送諸掛り**は，**発送費勘定**（費用の勘定）の借方に記入する。ただし，発送費が買主負担（先方負担）のときは，**売掛金に含める**か，**立替金勘定**（資産の勘定）の借方に記入する。立替金については，第12章で学習する。なお，仕入れの際に発生した引取運賃は，仕入に含める。

例題10－1

9月3日　福岡商店から次の商品を仕入れ，代金は掛けとした。
　　X型ボールペン　30ダース　@　¥900　¥27,000
　7日　福岡商店から仕入れた上記商品のうち，10ダースが破損していたので返品した。なお，代金は買掛金から差し引くことにした。
　10日　佐賀商店から次の商品を仕入れ，代金は掛けとした。なお，引取運賃¥1,800は現金で支払った。
　　Z型ボールペン　40ダース　@¥1,300　¥52,000
　19日　熊本商店から商品を仕入れ，代金のうち¥50,000は小切手を振り出して支払い，残額は掛けとした。
　　Z型ボールペン　40ダース　@¥1,200　¥48,000
　　X型　〃　20　〃　@　¥950　¥19,000

解　答

	借　方	金　額	貸　方	金　額
9/3	仕　入	27,000	買掛金	27,000
7	買掛金	9,000	仕　入	9,000
10	仕　入	53,800	買掛金	52,000
			現　金	1,800
19	仕　入	67,000	当座預金	50,000
			買掛金	17,000

例題10－2

9月12日 久留米商店に次の商品を売り渡し，代金は同店振出しの小切手で受け取った。

Z型ボールペン 40ダース @¥1,600 ¥64,000

23日 大牟田商店に次の商品を売り渡し，代金は掛けとした。なお，発送費¥3,000は現金で支払った。

Z型ボールペン 50ダース @¥1,600 ¥80,000

X型 〃 30 〃 @¥1,400 ¥42,000

27日 大牟田商店に売り渡した商品について，Z型ボールペンの一部10ダースが品違いのため返品された。なお，返品額については，売掛金から差し引くことにした。

解 答

	借 方	金 額	貸 方	金 額
9/12	現 金	64,000	売 上	64,000
23	売 掛 金	122,000	売 上	122,000
	発 送 費	3,000	現 金	3,000
27	売 上	16,000	売 掛 金	16,000

2．仕入帳と売上帳

商品売買取引の明細を記録する補助簿として，**仕入帳**と**売上帳**が用いられる。

(1) 仕 入 帳

仕入帳は，仕入取引を発生順に，その明細を記録する補助簿（補助記入帳）である。仕入に関する取引は仕訳を行い，仕入勘定に転記するとともに仕入帳に記入する。

仕入勘定と仕入帳を照合することにより，記帳の誤謬等を確認することができる。

(2) 仕入帳の記入方法

仕入帳の様式は，次のとおりである。

仕　入　帳

令和○年		摘　　要	内　　訳	金　　額

① 取引の日付，仕入先名，代金の支払方法（具体的に），品名，数量，単価，金額などを記入する。

② 1取引で2品目以上の商品を仕入れたときや，仕入諸掛りがあるときは，内訳欄にそれぞれの金額を記入するとともに，合計金額を金額欄に記入する。

③ 仕入戻しや，仕入値引きは日付から金額まですべてを赤字で記入する。

④ 帳簿を締め切る場合，総仕入高から仕入戻し高・仕入値引高を差し引いて純仕入高を記入する。このとき，仕入戻し高・仕入値引高はすべて赤字で記入する。

例題10－3

例題10－1の取引を仕入帳に記入してみよう。

解　答

仕　入　帳

令和○年		摘　　要		内　訳	金　額
9	3	福岡商店	掛　　け		
		X型ボールペン　30ダース	@ ¥900		27,000
	7	**福岡商店**	**掛け戻し**		
		X型ボールペン　10ダース	**@¥900**		**9,000**
	10	佐賀商店	掛　　け		
		Z型ボールペン　40ダース	@¥1,300	52,000	
		引取運賃現金支払い		1,800	53,800
	19	熊本商店	小切手・掛け		
		Z型ボールペン　40ダース	@¥1,200	48,000	
		X型ボールペン　20ダース	@ ¥950	19,000	67,000
	30		仕　入　高		147,800
	〃		**仕入戻し高**		**9,000**
			純 仕 入 高		138,800

(3) 売 上 帳

売上帳は，売上げに関する取引を発生順にその明細を記録する補助簿（補助記入帳）である。売上げに関する取引は仕訳を行い，売上勘定に転記するとともに売上帳にも記入する。売上勘定と売上帳を照合することにより，記帳のご誤謬等を確認することができる。

(4) 売上帳の記入方法

売上帳の様式は，次のとおりである。

売　上　帳

令和○年		摘　　要	内　訳	金　額

① 取引の日付，得意先名，代金の受取方法（具体的に），品名，数量，単価，金額などを記入する。

② １取引で２品目以上の商品を売り上げたときは，内訳欄に記入するとともに，その合計額を金額欄に記入する。

③ 売上戻りや，売上値引きは日付から金額まですべてを赤字で記入する。

④ 帳簿を締め切る場合，総売上高から売上戻り高・売上値引高を差し引いて純売上高を記入する。このとき，売上戻り高・売上値引高はすべて赤字で記入する。

例題10－4

例題10－２の取引を売上帳に記入してみよう。

解　答

売　上　帳

令和○年		摘　要			内　訳	金　額
9	12	久留米商店		小　切　手		
		Z型ボールペン	40ダース	@¥1,600		64,000
	23	大牟田商店		掛　け		
		Z型ボールペン	50ダース	@¥1,600	80,000	
		X型ボールペン	30ダース	@¥1,400	42,000	122,000
	27	大牟田商店		掛け戻り		
		Z型ボールペン	10ダース	@¥1,600		16,000
	30			売　上　高		186,000
	〃			売上戻り高		16,000
				純 売 上 高		170,000

3．商品有高帳

（1）商品有高帳

商品有高帳は，商品の在庫を明らかにするために作成される補助簿である。具体的には，商品の受入れ，払出し，および残高の明細を記録する。この帳簿は，商品の種類ごとに作成することになる。

同一種類の商品でも，仕入先や仕入時期が違えば，仕入単価が異なることがある。この場合，どの仕入単価をもって，払出単価の計算を行うかを決めなければならない。

（2）商品有高帳の記入方法

商品有高帳の様式は，次のとおりである。

商品有高帳

（　　　　）　品名：（　　　　）　単価：（　　　）

令和○年		摘要	受入			払出			残高		
			数量	単価	金額	数量	単価	金額	数量	単価	金額

①　商品有高帳には受入高・払出高・残高について，該当する欄に数量・単価・金額を記入する。単価・金額はすべて仕入原価で記入する。

②　仕入諸掛りがあるときは，仕入原価に含め，その金額を仕入数量で割って単価を計算する。

③　仕入戻しは，その商品の仕入代価で払出欄に記入し，残高欄の金額と単価を記入する。売上戻りは，その商品の払出単価で，受入欄に記入する。仕入値引きは，値引額だけを払出欄に記入し，残高欄に修正された単価と金額を記入する。なお，売上値引きは売価の修正であるから，商品有高帳への記入はない。

商品有高帳の記入方法にはいくつかあるが，ここでは，先入先出法，移動平均法について学習する。

①　先入先出法

先入先出法は先に受け入れた商品から，先に払い出したとして払出単価を計算する方法である。

例題10－5

例題10－１，例題10－２のＺ型ボールペンについての取引を，商品有高帳に記入してみよう。ただし，払出単価の計算は先入先出法によることとし，前月繰越は¥36,900（30ダース@¥1,230）あったものとする。

解　答

商品有高帳

（先入先出法）　品名：Ｚ型ボールペン　単価：ダース

令和○年		摘要	受入			払出			残高		
			数量	単価	金額	数量	単価	金額	数量	単価	金額
9	1	前月繰越	30	1,230	36,900				30	1,230	36,900
	10	仕入	40	※1,345	53,800				{ 30	1,230	36,900
									40	1,345	53,800
	12	売上				{ 30	1,230	36,900			
						10	1,345	13,000	30	1,345	40,350
	19	仕入	40	1,200	48,000				{ 30	1,345	40,350
									40	1,200	48,000
	23	売上				{ 30	1,345	40,350			
						20	1,200	24,000	20	1,200	24,000
	27	売上戻り	10	1,200	12,000				30	1,200	36,000
	30	**次月繰越**				**30**	**1,200**	**36,000**			
			120		150,700	120		150,700			
10	1	前月繰越	30	1,200	36,000				30	1,200	36,000

※53,800÷40ダース＝@1,345（引取運賃の分だけ単価が上昇する）

②　移動平均法

移動平均法は，異なる単価の商品を仕入れるつど，受入れ前の残高金額と仕入原価との合計額を，残高数量と仕入数量の合計数量で割って平均単価を算出し，その平均単価をその後の払出単価とする方法である。

$$\text{平均単価}=\frac{\text{残高金額}+\text{仕入原価}}{\text{残高数量}+\text{仕入数量}}$$

例題10－6

例題10－１，例題10－２のＺ型ボールペンについての取引を，商品有高帳に記入してみよう。ただし，払出単価の計算は移動平均法によることとし，前月繰越は¥35,100（30ダース@¥1,170）あったものとする。

解　答

商品有高帳

（移動平均法）　品名：Ｚ型ボールペン　単価：ダース

令和○年		摘要	受入			払出			残高		
			数量	単価	金額	数量	単価	金額	数量	単価	金額
9	1	前月繰越	30	1,170	35,100				30	1,170	35,100
	10	仕入	40	1,345	53,800				70	1,270	88,900
	12	売上				40	1,270	50,800	30	1,270	38,100
	19	仕入	40	1,200	48,000				70	1,230	86,100
	23	売上				50	1,230	61,500	20	1,230	24,600
	27	売上戻り	10	1,230	12,300				30	1,230	36,900
	30	**次月繰越**				**30**	**1,230**	**36,900**			
			120		149,200	120		149,200			
10	1	前月繰越	30	1,230	36,900				30	1,230	36,900

【練習問題】

1．次の取引の仕訳を行いなさい。ただし，商品に関する勘定は3分法によること。

（1）　福岡商店から商品 ¥250,000を仕入れ，代金は掛けとした。なお，引取運賃 ¥3,800は現金で支払った。

（2）　福岡商店から仕入れた上記商品のうち，不良品があったので ¥30,000の値引きを受けた。

（3）　博多商店に商品 ¥340,000を売り渡し，代金のうち ¥100,000は同店振出しの小切手で受け取り，残額は掛けとした。なお，発送費 ¥12,000は小切手を振り出して支払った。

（4）　博多商店に売り渡した商品の一部に品違いがあり，¥40,000分が返品された。なお，この代金は売掛金から差し引くことにした。

（5）　高宮商店に商品 ¥170,000を売り渡し，代金のうち ¥100,000は同店振出しの小切手で受け取りただちに当座預金とし，残額は掛けとした。なお先方負担の発送費 ¥5,000を現金で支払った（発送費の処理については売掛金に含める方法による）。

	借　方	金　額	貸　方	金　額
（1）				
（2）				
（3）				
（4）				
（5）				

2．佐世保商店の次の取引を仕入帳，売上帳および先入先出法による商品有高帳（A品）に記入しなさい。

なお，商品有高帳は，A品について，前月繰越 ¥128,000（繰越数量400個，単価@¥320）があったものとする。

10月5日　久留米商店に次の商品を売り渡し，代金は同店振出しの小切手で受け取った。

A品260個　＠¥430

7日　鳥栖商店から次の商品を仕入れ，代金は掛けとした。

A品300個　＠¥340

B品140個　＠¥250

12日　佐賀商店に次の商品を売り渡し，代金のうち¥80,000は同店振出しの小切手で受け取り，残額は掛けとした。

A品280個　＠¥450

B品160個　＠¥320

14日　佐賀商店に売り渡したA商品のうち，品違いのため次のとおり返品を受けた。なお，代金は売掛金から差し引くことにした。

A品 30個　＠¥450

17日　天神商店から次の商品を仕入れ，代金は掛けとした。

B品120個　＠¥260

18日　天神商店から仕入れた上記商品について，20個が品質不良のため，下記のとおり値引きを受けた。

B品 20個　＠ ¥50

23日　博多商店から次の商品を仕入れ，代金のうち¥50,000は小切手を振り出して支払い，残額は掛けとした。なお，引取運賃¥5,000を現金で支払った。

A品200個　＠¥350

27日　久留米商店に次の商品を売り渡し，代金は同店振出しの小切手で受け取りただちに当座預金とした。なお，発送運賃¥25,000は現金で支払った。

A品240個　＠¥450

B品100個　＠¥270

仕　入　帳

令和○年		摘　　要	内　　訳	金　　額

売　上　帳

令和○年		摘　　要	内　　訳	金　　額

商品有高帳

（先入先出法）　　　　品名：A 品　　　　単価：個

令和○年		摘要	受入			払出			残高		
			数量	単価	金額	数量	単価	金額	数量	単価	金額

第11章

掛け取引の記帳

商品売買における代金の受払いは，決済が後日に行われる場合が多い。この方法によって商品の売買を行う取引を掛け取引という。そして，掛け売りによって生じた債権を売掛金，掛け買いによって生じた債務を買掛金ということはすでに学習済みである。ここでは，売掛金勘定・買掛金勘定と売掛金元帳・買掛金元帳の仕組みと記帳について学習する。売掛金元帳・買掛金元帳とは，取引相手ごとに設けた補助簿である。

1．売掛金勘定と売掛金元帳

(1) 売掛金勘定（得意先すべての掛け取引を記入する勘定）

得意先に商品を掛けで売り渡したときは，売掛金勘定の借方に記入する。また，掛け代金の回収高，戻り高・値引高は貸方に記入する。

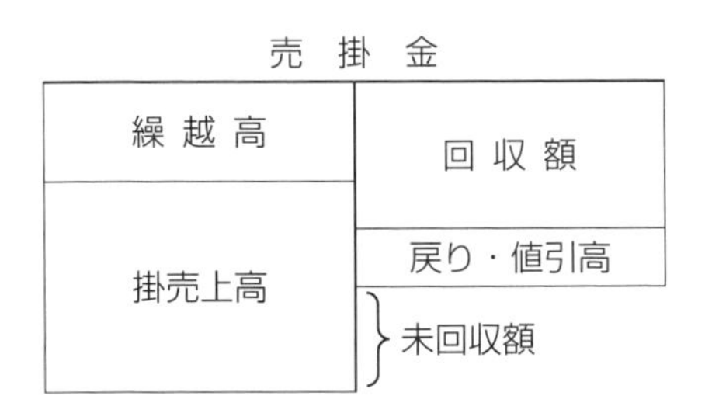

(2) 売掛金元帳（得意先別の掛け取引を記入する補助簿）

得意先ごとの売掛金の明細を記録する補助簿として，**売掛金元帳**（得意先元帳）がある。売掛金元帳には各得意先の店名や商号を勘定科目とする人名による勘定口座（**人名勘定**）を設け，得意先ごとに売掛金の増減についてその明細を記入する。各人名勘定の残高は未回収額となる。

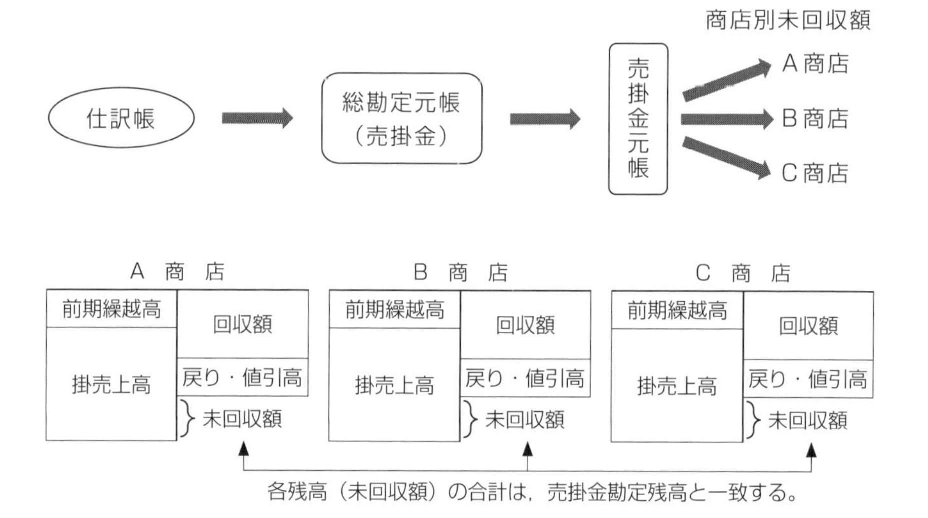

例題11－1

熊本商店における次の取引の仕訳を示し，総勘定元帳の売掛金勘定および売掛金元帳に記入し締め切りなさい。なお，売掛金明細表も作成すること。

1月1日　前期繰越高　　売掛金 ¥300,000
　　　　内訳：福岡商店　¥180,000　　佐賀商店　¥120,000
　　8日　福岡商店に商品 ¥200,000を売り渡し，代金は掛けとした。
　　9日　福岡商店から品違いのため，¥30,000の商品が返品された。なお，代金は売掛金から差し引くことにした。
　16日　佐賀商店に商品 ¥70,000を売り渡し，代金は掛けとした。
　26日　売掛金の回収として福岡商店から ¥190,000，佐賀商店から ¥150,000をそれぞれ同店振出しの小切手で受け取った。

解　答

	借　　方	金　額	貸　　方	金　額
1/8	売　掛　金 (福岡商店)	200,000	売　　　上	200,000
9	売　　　上	30,000	売　掛　金 (福岡商店)	30,000
16	売　掛　金 (佐賀商店)	70,000	売　　　上	70,000
26	現　　　金	340,000	売　掛　金 (福岡商店) (佐賀商店)	340,000 (190,000) (150,000)

※仕訳の（　　　）は，売掛金の人名勘定である。

売　掛　金

1/1	前期繰越	300,000	1/9	売　　上	30,000
8	売　　上	200,000	26	現　　金	340,000
16	〃	70,000		残高（未回収額）	200,000

売掛金明細表

	1月1日	1月31日
福岡商店	¥　180,000	¥　160,000
佐賀商店	〃　120,000	〃　40,000
	300,000	200,000

売　掛　金　元　帳

福　岡　商　店

令和○年		摘　　要	借　　方	貸　　方	借または貸	残　　高
1	1	前期繰越	180,000		借	180,000
	8	売上げ	200,000		〃	380,000
	9	売上げ戻り		30,000	〃	350,000
	26	小切手受取り		190,000	〃	160,000
	31	**次月繰越**		**160,000**		
			380,000	380,000		
2	1	前月繰越	160,000		借	160,000

佐　賀　商　店

令和○年		摘　　要	借　　方	貸　　方	借または貸	残　　高
1	1	前期繰越	120,000		借	120,000
	16	売上げ	70,000		〃	190,000
	26	小切手受取り		150,000	〃	40,000
	31	**次月繰越**		**40,000**		
			190,000	190,000		
2	1		40,000		借	40,000

補足：クレジット売掛金

商品代金がクレジットカードで決済される場合がある。これも掛け取引である。商品を売却し，代金がクレジットカードで決済される場合は，**クレジット売掛金勘定**（資産）の借方に記入する。そして，このとき発生する信販会社に対する手数料は，**支払手数料勘定**（費用）の借方に記入する。もし，商品の売価が￥10,000で手数料が￥500であれば，次のように仕訳が行われる。

（借）クレジット売掛金　9,500　　（貸）売　　上　10,000
　　　支　払　手　数　料　　500

2．買掛金勘定と買掛金元帳

（1）買掛金勘定（仕入先すべての掛け取引を記入する勘定）

仕入先から商品を掛けで仕入れたときは買掛金勘定の貸方に記入する。また，掛け代金を支払ったり，掛けで仕入れた商品を戻したり，値引きを受けたときは買掛金勘定の借方に記入する。

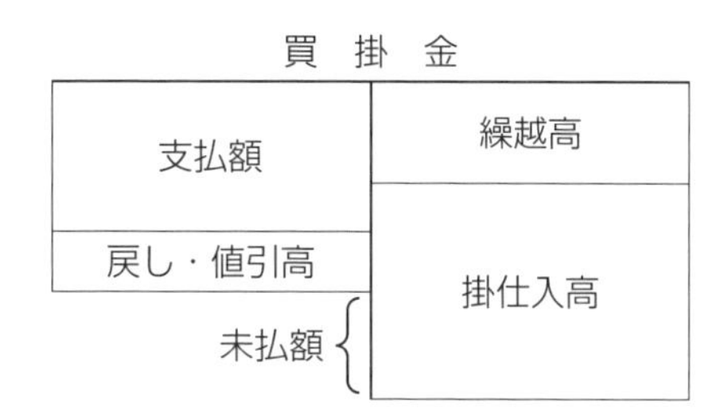

（2）買掛金元帳（仕入先別に記入する補助簿）

仕入先ごとの買掛金の明細を記録する補助簿として，**買掛金元帳**（仕入先元帳）がある。買掛金元帳には各仕入先の店名や商号を勘定科目とする人名による勘定口座（人名口座）を設け，仕入先ごとに買掛金の増減についてその明細を記入する。各人名勘定の残高は未払額となる。

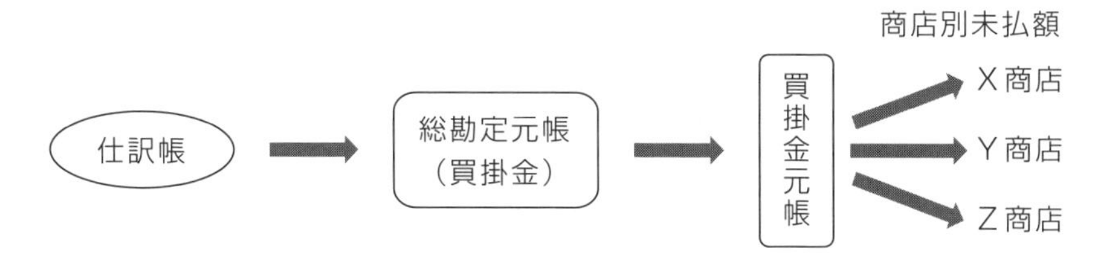

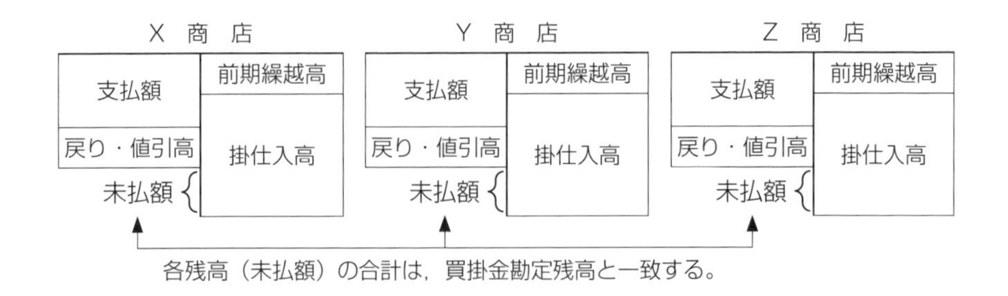

例題11－2

熊本商店における次の取引の仕訳を示し，総勘定元帳の買掛金勘定および買掛金元帳に記入し締め切りなさい。なお，買掛金明細表も作成すること。

1月1日　前期繰越高　　買掛金 ¥280,000
　　　　内訳：鹿児島商店　¥210,000　　長崎商店　¥70,000
　　4日　鹿児島商店から商品 ¥70,000仕入れ，代金は掛けとした。
　　7日　鹿児島商店から仕入れた上記商品のうち不良品があったので¥5,000の値引きを受けた。なお，代金は買掛金から差し引くことにした。
　16日　長崎商店から商品 ¥40,000を仕入れ，代金は掛けとした。
　26日　鹿児島商店に対する買掛金 ¥170,000小切手を振り出して支払った。

解　答

	借　方	金　額	貸　方	金　額
1/4	仕　入	70,000	買 掛 金 （鹿児島商店）	70,000
7	買 掛 金 （鹿児島商店）	5,000	仕　入	5,000
16	仕　入	40,000	買 掛 金 （長崎商店）	40,000
26	買 掛 金 （鹿児島商店）	170,000	当 座 預 金	170,000

※仕訳の（　　　）は，買掛金の人名勘定である。

買　掛　金

1/7	仕　入	5,000	1/1	前期繰越	280,000
26	当座預金	170,000	4	仕　入	70,000
残高（未払額）		215,000	16	〃	40,000

買　掛　金　明　細　表

	1月1日	1月31日
鹿児島商店	¥　210,000	¥　105,000
長崎商店	〃　70,000	〃　110,000
	280,000	215,000

買　掛　金　元　帳

鹿　児　島　商　店

令和○年		摘　要	借　方	貸　方	借または貸	残　高
1	1	前期繰越		210,000	貸	210,000
	4	仕入れ		70,000	〃	280,000
	7	仕入れ値引き	5,000		〃	275,000
	26	小切手支払い	170,000		〃	105,000
	31	**次月繰越**	**105,000**			
			280,000	280,000		
2	1	前月繰越		105,000	貸	105,000

長　崎　商　店

令和○年		摘　要	借　方	貸　方	借または貸	残　高
1	1	前期繰越		70,000	貸	70,000
	16	仕入れ		40,000	〃	110,000
	31	**次月繰越**	**110,000**			
			110,000	110,000		
2	1	前月繰越		110,000	貸	110,000

【練習問題】

次の取引の仕訳を示し，総勘定元帳の売掛金勘定と買掛金勘定に転記して締め切りなさい。ただし，商品に関する勘定は３分法によること。また，佐賀商店の売掛金元帳と，宮崎商店の買掛金元帳に記入して締め切りなさい。

なお，売掛金勘定と買掛金勘定の前月繰越高およびそれぞれの内訳は，次のとおりである。

売掛金　　¥128,000（佐賀商店　¥75,000　　長崎商店　¥53,000）
買掛金　　¥149,000（宮崎商店　¥54,000　　大分商店　¥95,000）

10月６日　佐賀商店に商品¥85,000を売り渡し，代金は掛けとした。
７日　佐賀商店から品質不良のため商品¥5,000が返品された。
９日　宮崎商店から商品¥200,000を仕入れ，代金は掛けとした。
19日　長崎商店に商品¥62,000を売り上げ，代金のうち¥40,000は現金で受け取り，残額は掛けとした。
24日　佐賀商店に対する売掛金のうち¥75,000を同店振出しの小切手で受け取った。
27日　大分商店に対する買掛金のうち¥90,000を小切手を振り出して支払った。

	借　方	金　額	貸　方	金　額
10/6				
7				
9				
19				
24				
27				

総 勘 定 元 帳

売 掛 金

買 掛 金

売 掛 金 元 帳

佐 賀 商 店

令和○年		摘要	借方	貸方	借または貸	残高

買掛金元帳

宮崎商店

令和○年		摘要	借方	貸方	借または貸	残高

第12章

その他の債権・債務の記帳

前章では，商品の仕入れや売上げの際に生じる債権·債務である売掛金勘定·買掛金勘定について学習した。本章では，それ以外の債権・債務について学習する。なお，売掛金や買掛金以外の債権・債務には，手形取引によって生じるものもあるが，手形取引については次章で学習する。

1．貸付金と借入金

企業は日々の経営活動において，他人に金銭を貸し付けたり，銀行から金銭を借り入れたりする。金銭を貸し付けた場合は，後にその金銭を回収する権利が発生する。この権利を**債権**といい，貸し付けた場合は，**貸付金勘定**（資産）の借方に記入する。

これに対して，金銭を借り入れた場合は，後に返済しなければならない義務が生じる。この義務を**債務**といい，借り入れた場合は，**借入金勘定**（負債）の貸方に記入する。

貸　付　金（債権）	
貸　付　額	

借　入　金（債務）	
	借　入　額

例題12－1

次の取引について，福岡商店・佐賀商店の両店の仕訳を行いなさい。

（1） 福岡商店は，佐賀商店に対して現金で￥400,000を貸し付けた。なお，貸付期間は6カ月，年利率は10％である。

（2） 福岡商店は，満期日に佐賀商店から貸付金を利息とともに現金で受け取り，ただちに当座預金に預け入れた。

解 答

福岡商店

	借 方	金 額	貸 方	金 額
（1）	貸 付 金	400,000	現 金	400,000
（2）	当 座 預 金	420,000	貸 付 金	400,000
			受 取 利 息	20,000

佐賀商店

	借 方	金 額	貸 方	金 額
（1）	現 金	400,000	借 入 金	400,000
（2）	借 入 金	400,000	現 金	420,000
	支 払 利 息	20,000		

※利息の計算（月割り計算）

貸付金（借入金）の金額×年利率×借入期間／12カ月

400,000×0.1×6／12＝20,000

2．未収入金と未払金

企業は主目的である商品の売買取引で生じた債権・債務については，売掛金勘定や買掛金勘定で処理する。しかし，主目的ではない取引の債権・債務については**未収入金勘定**（資産）や**未払金勘定**（負債）で処理を行う。主目的ではない取引とは，商品以外のもの（備品，建物，車両運搬具，備品など）の売買に関する取引である。

未　収　入　金（債権）	
債権の未回収額	

未　払　金（債務）	
	債務の未払額

例題12－2

次の取引について，福岡商店・熊本商会・長崎商会それぞれの立場で仕訳を行いなさい。

（1）　福岡商店は，営業用自動車 ¥1,000,000を中古車販売会社の熊本商会から購入し，代金のうち ¥400,000は現金で支払い，残額は月末払いとした。

（2）　福岡商店は不要になったパソコンを ¥100,000でパソコン販売会社の長崎商会に売却し，代金は翌月末に受け取ることにした。

（3）　福岡商店は，月末に熊本商会に対する上記（1）の未払額を小切手を振り出して支払った。

（4）　福岡商店は，上記（2）の未回収額を長崎商会から現金で受け取った。

解　答

福岡商店

	借　　方	金　額	貸　　方	金　額
（1）	車両運搬具	1,000,000	現　　金	400,000
			未　払　金	600,000
（2）	未収入金	100,000	備　　品	100,000
（3）	未　払　金	600,000	当座預金	600,000
（4）	現　　金	100,000	未収入金	100,000

熊本商会

	借　　方	金　額	貸　　方	金　額
（1）	現　　金	400,000	売　　上	1,000,000
	売　掛　金	600,000		
（3）	現　　金	600,000	売　掛　金	400,000

長崎商会

	借　　方	金　額	貸　　方	金　額
（2）	仕　　入	100,000	買 掛 金	100,000
（4）	買 掛 金	100,000	現　　金	100,000

※自動車やパソコンには，中古市場が存在することに留意する。

3．前払金と前受金

商品などの売買において，現物の受渡しもしくは用役の提供の前に，その代金の一部を**手付金**（または**内金**）として受払いすることがある。代金の一部を前もって支払えば**前払金**，受け取れば**前受金**となる。

仕入れや売上げは，商品を引き渡した時点で勘定記録を行う。手付金や内金の受払いは，引渡時点より前に生じる取引である。つまり，前払金は債権の性格を，前受金は債務の性格を持っている。したがって，手付金（内金）を支払った場合は債権として**前払金勘定**（資産）の借方に，受け取った場合は債務として**前受金勘定**（負債）の貸方に記入する。

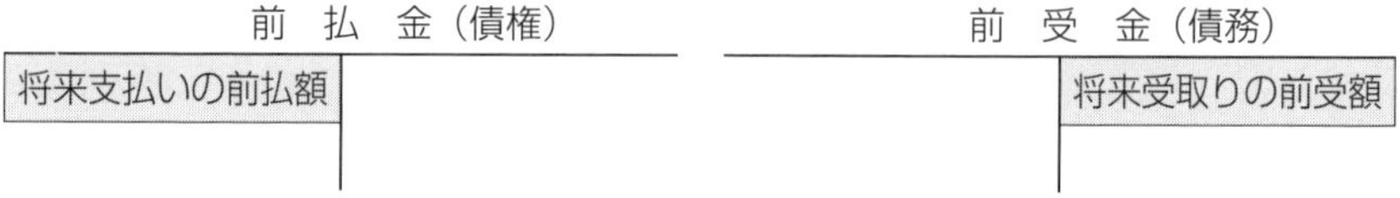

前　払　金（債権）

将来支払いの前払額

前　受　金（債務）

将来受取りの前受額

後日，商品などの受渡し，もしくは用役の提供が行われたときに，前払いしていた手付金（内金）は，前払金勘定の貸方に，前受けしていた手付金（内金）は前受金勘定の借方に記入される。

例題12－3

次の取引について福岡商店・佐賀商店の両店の仕訳を行いなさい。なお，商品売買に関する取引は3分法によること。

（1）　福岡商店は2カ月後に佐賀商店から商品 ¥400,000を購入する約束をし，手付金として ¥100,000を支払った。

（2）　福岡商店は佐賀商店から上記の商品 ¥400,000を仕入れ，手付金を充当するとともに残額は現金で支払った。

解　答

福岡商店

	借　　方	金　額	貸　　方	金　額
（1）	前　払　金	100,000	現　　　金	100,000
（2）	仕　　　入	400,000	前　払　金	100,000
			現　　　金	300,000

佐賀商店

	借　　方	金　額	貸　　方	金　額
（1）	現　　　金	100,000	前　受　金	100,000
（2）	前　受　金	100,000	売　　　上	400,000
	現　　　金	300,000		

4．立替金・預り金と法定福利費

（1）立替金と預り金

従業員や取引先のために，一時的に金銭の立替払いをすることがある。金銭を立て替えたときは**立替金勘定**（資産）の借方に記入し，返済を受けた場合は貸方に記入する。なお，従業員に対する立替えの場合は，取引先等と区別して，**従業員立替金勘定**を用いる場合もある。

また，一時的に金銭を預かることがある。金銭を預かったときは，**預り金勘定**（負債）の貸方に記入する。そして，預かった金銭は必ず誰かに返済するため，その場合は借方に記入する。

企業は，**源泉所得税**や授業員が負担する**健康保険料**を給料から差し引き，国に納付するまで，**預り金勘定**の貸方に記入し，国に納付したときに借方に記入する。なお，預り金勘定は，預かったお金の内容によって，**所得税預り金勘定**や**社会保険料預り金勘定**などを用いる場合もある。

立　替　金（債権）	
立て替えた金額	

預　り　金（債務）	
	預かった金額

例題12－4

次の取引の仕訳を行いなさい。

（1）　従業員に給料の前貸しとして現金 ¥140,000を渡した。

（2）　今月分の従業員給料 ¥400,000を支給するに際して，前貸ししてあった ¥140,000と源泉所得税 ¥40,000を差し引き，手取金を現金で支払った。

（3）　所得税の源泉徴収税額 ¥40,000を税務署に現金で納付した。

解　答

	借　　方	金　額	貸　　方	金　額
（1）	立　替　金 （従業員立替金）	140,000	現　　金	140,000
（2）	給　　料	400,000	立　替　金 （従業員立替金） 預　り　金 （所得税預り金） 現　　金	140,000 40,000 220,000
（3）	預　り　金 （所得税預り金）	40,000	現　　金	40,000

(2) 法定福利費

企業が社会保険事務所に納めるべき厚生年金や健康保険を**社会保険料**という。社会保険料は制度上，企業と従業員で半分ずつ負担することになっている。このうちの会社の負担分を**法定福利費**という。

社会保険料のうち，従業員負担分は企業が給料を支払う際に**源泉徴収**して，預り金勘定（負債）の貸方に記入し，社会保険事務所に社会保険料として支払ったときに借方に記入する。その際，同時に支払う会社負担分は，**法定福利費勘定**（費用）の借方に記入する。

法定福利費（費用）

会社負担額	

例題12－5

次の取引の仕訳を行いなさい。

（1）　給料 ¥600,000について，従業員負担の健康保険料 ¥20,000および厚生年金保険料 ¥30,000を控除した残額を普通預金口座から振り込んだ。

（2）　健康保険料および厚生年金保険料について，（1）の従業員負担額に会社負担額（従業員負担額と同額）を加えて普通預金口座から振り込んで納付した。

解　答

	借　　方	金　額	貸　　方	金　額
（1）	給　　料	600,000	預り金 （社会保険料預り金）	50,000
			普通預金	550,000
（2）	預り金 （社会保険料預り金）	50,000	普通預金	100,000
	法定福利費	50,000		

5．仮払金と仮受金

金銭の収入・支出はあったが，その内容（それを処理する勘定科目）や金額を確定することができない場合がある。こういった内容または金額が確定できない現金等の支出を**仮払金**，逆に確定できない現金等の収入を**仮受金**という。

このような現金等の支出があったときは，一時的に**仮払金勘定**（資産）の借方に，確定できない収入があったときは，**仮受金勘定**（負債）の貸方に記入する。

仮　払　金（債権）	
仮の支払額（内容や金額が不明）	

仮　受　金（債務）	
	仮の受取額（内容や金額が不明）

後日，その内容または金額が確定したときに，仮払金勘定・仮受金勘定からそれぞれ該当する勘定へ振り替える。

例題12－6

次の取引の仕訳を行いなさい。

（1）　従業員の出張に際して，旅費の概算額 ¥300,000を現金で渡した。

（2）　出張中の従業員から現金 ¥400,000の送金があったが，内容は不明である。

（3）　従業員が出張先から戻り，上記の送金は東京商事に対する売掛金の回収であることが判明した。

（4）　従業員が出張から戻って，旅費を精算したところ，残金が ¥20,000あり，現金で受け取った。

解　答

	借　　方	金　額	貸　　方	金　額
（1）	仮　払　金	300,000	現　　　金	300,000
（2）	現　　　金	400,000	仮　受　金	400,000
（3）	仮　受　金	400,000	売　掛　金	400,000
（4）	旅費交通費	280,000	仮　払　金	300,000
	現　　　金	20,000		

6．受取商品券

商品の売上代金として他社や自治体，あるいは信販会社などが発行した**商品券**を受け取ることがある。このような場合は，受け取った商品券を**受取商品券勘定**（資産）の借方に記入する。受取商品券は，その商品券を発行した企業・自治体・信販会社に対する請求権を意味する債権である。なお，決済が行われた場合は貸方に記入することになる。

受取商品券（債権）

受け取った商品券の金額	

例題12－7

次の取引の仕訳を行いなさい。

（1）　商品 ¥500,000を販売し，代金のうち ¥200,000については自治体が発行をしている商品券で受け取り，残額は現金で受け取った。

（2）　上記（1）の商品券をすべて清算し，同額を現金で受け取った。

解 答

	借 方	金 額	貸 方	金 額
(1)	現 金	300,000	売 上	500,000
	受取商品券	200,000		
(2)	現 金	200,000	受取商品券	200,000

7．差入保証金

土地や建物の賃借に際し，**敷金**などの名目で**保証金**を差し入れることがある。保証金は契約終了の時点で，借りた建物などの減価した資産価値を復元するために使用される。そして，残額は借り手に返却される。したがって，保証金を差し入れた段階では資産価値の減少はまだ生じていないため，全額を資産（債権）の増加として，**差入保証金勘定**（資産）の借方に記入する。

差入保証金は借りた物件の使用に応じて減少していくと考えられるが，契約終了時点まで，減額処理は行われない。

差入保証金（債権）

差し入れた保証金の金額	

例題12－8

次の取引の仕訳を示しなさい。

（1） 店舗の賃借にあたり敷金￥180,000，不動産会社への手数料￥60,000，1カ月分の家賃￥60,000を普通預金口座から振り込んだ。

（2） 店舗の賃借契約を解約するに際し，上記の敷金￥180,000から修繕費￥70,000が差し引かれた残金が当座預金口座に振り込まれた。

解　答

	借　　方	金　額	貸　　方	金　額
（1）	差入保証金	180,000	普 通 預 金	300,000
	支払手数料	60,000		
	支 払 家 賃	60,000		
（2）	修　繕　費	70,000	差入保証金	180,000
	当 座 預 金	110,000		

【練習問題】

次の取引の仕訳を行いなさい。

（1）　奈良商店に対して￥800,000を貸し付けていたが，満期日のため貸付金を利息とともに現金で受け取り，ただちに当座預金に入金した（貸付期間６カ月，年利率10%）。

（2）　従業員の出張に際して，旅費の概算額￥200,000を現金で渡した。

（3）　今月分の従業員給料￥600,000を支給するに際して，前貸ししてあった￥180,000と源泉所得税￥60,000を差し引き，手取金を現金で支払った。

（4）　健康保険料および厚生年金保険料について，従業員負担額￥70,000に会社負担額（従業員負担額と同額）を加えて普通預金口座から振り込んで納付した。

（5）　商品￥1,200,000を販売し，代金のうち￥200,000は自治体が発行している商品券で受け取り，残額は現金で受け取った。

（6）　大名不動産から土地￥2,000,000を購入し，代金のうち￥400,000は現金で支払い，残額は２カ月後に支払うこととした。

（7）　商品￥400,000を仕入れ，手付金￥100,000を充当するとともに残額は現金で支払った。

（8）　店舗の賃借にあたって，敷金￥520,000，不動産会社への手数料￥120,000，１カ月分の家賃￥120,000を普通預金口座から振り込んだ。

	借　　方	金　額	貸　　方	金　額
(1)				
(2)				
(3)				
(4)				
(5)				
(6)				
(7)				
(8)				

第13章

手形取引と電子記録債権・債務

ここでは，商品代金の決済に用いられる手形と電子記録債権・債務について学習する。これまでに学んだ商品代金の決済手段には，掛け取引がある。これら掛け取引と同様に手形や電子記録債権・債務を用いた取引もある。いずれも代金を後日受け取る権利（債権），または後日支払う義務（債務）を記録する手段である。

1．手形の種類

手形には**約束手形**と**為替手形**との２種類がある。約束手形は，手形代金の受取人に対して手形の**振出人**が一定の期日（満期日）に手形に書かれた金額（手形代金）を支払うことを約束した証券である。為替手形は，手形の振出人が**名宛人**（支払人）に対して一定期日に手形代金を第三者（受取人）に支払うことを委託した証券である。以下では，約束手形のみを取り上げる。為替手形は今日ほとんど使われていない。

2．約束手形

（1）手形の仕組み

手形は取引代金の決済手段として用いられるが，約束手形では前述のとおり，手形の振出人（手形の作成者）が名宛人（手形代金の受取人）に対して，手形に記載された期日（支払期日：満期日ともいう）に，手形に記載された金額（手形代金）を支払うことを約束した証券である。

約束手形を振り出すと振出人には**手形債務**（手形代金を支払う義務）が生じ，名宛人（受取人）には**手形債権**（手形代金を受け取る権利）が生じる。約束手形の振出しによって生じる手形債権と手形債務は，それぞれ**受取手形勘定**（資産）と**支払手形勘定**（負債）で処理する。

以下に示す図および手形は，福岡商会（振出人・支払人）が６月15日の時点で８月31日に佐賀商会（名宛人・受取人）に￥600,000を支払うことを約束した手形の例である。

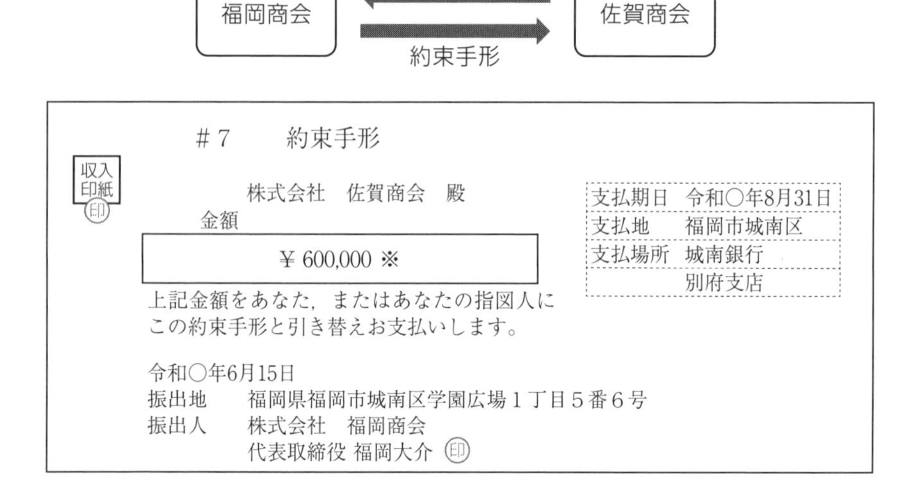

＃７　　約束手形

収入印紙 印

株式会社　佐賀商会　殿

金額

￥600,000 ※

上記金額をあなた，またはあなたの指図人にこの約束手形と引き替えお支払いします。

支払期日	令和○年8月31日
支払地	福岡市城南区
支払場所	城南銀行 別府支店

令和○年6月15日

振出地　福岡県福岡市城南区学園広場１丁目５番６号

振出人　株式会社　福岡商会

代表取締役 福岡大介 印

（2）約束手形の振出し・受入れ

約束手形を振り出した企業は，手形債務が発生するので，支払手形勘定の貸方に記入する。逆に，約束手形を受け取った企業は，債権が発生するので，受取手形勘定の借方に記入する。

受取手形（債権）	
受け取った手形の金額	

支払手形（債務）	
	振り出した手形の金額

①　約束手形を振り出した場合の仕訳

仕入取引において，商品代金の支払手段として約束手形を振り出した場合，仕入れ（費用）の発生と支払手形（負債）の増加という取引となる。したがって，仕訳例を示すと次のようになる。

（借）仕　　入　×××　　（貸）支払手形　×××

②　約束手形を受け取った場合の仕訳

売上取引において，商品代金の回収手段として約束手形を受け取った場合，売上げ（収益）の発生と受取手形（資産）の増加となる。したがって，仕訳例を示すと次のようになる。

（借）受取手形　×××　　（貸）売　　上　×××

例題13－1

次の取引について仕訳を行いなさい。

福岡商会は佐賀商会より商品￥600,000を購入し，代金は約束手形を振り出して支払った。福岡商会および佐賀商会の仕訳を行いなさい。

解　答

	借　　方	金　額	貸　　方	金　額
福岡	仕　　入	600,000	支払手形	600,000
佐賀	受取手形	600,000	売　　上	600,000

（3）手形代金の取立て・支払い

約束手形の取立てと支払いは，当座預金で決済されるのが一般的である。つまり，銀行において買い手側の当座預金が減額され，売り手側の当座預金が増額される。したがって，支払人である買い手側は，当座預金勘定の貸方と支払手形勘定の借方に記入し，受取人である売り手側は，当座預金勘定の借方と受取手形勘定の貸方に記入することになる。

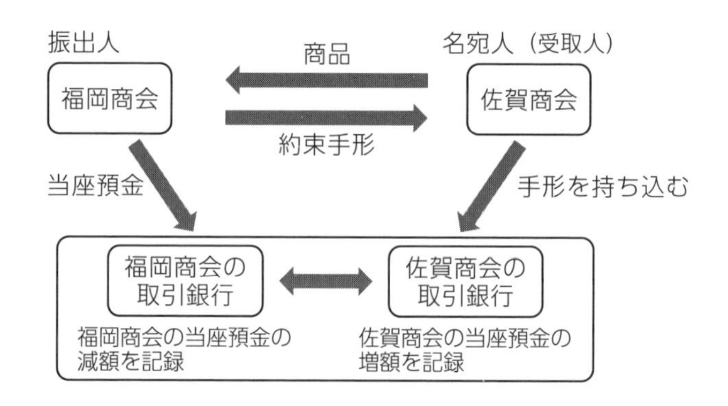

例題13－2

次の取引について仕訳を行いなさい。

福岡商会はかねて佐賀商会宛に振り出した約束手形が支払期日となり，当座預金口座から引き落とされた。福岡商会および佐賀商会の仕訳を行いなさい。

解　答

	借　方	金　額	貸　方	金　額
福岡	支払手形	600,000	当座預金	600,000
佐賀	当座預金	600,000	受取手形	600,000

3．手形貸付金と手形借入金

金銭の貸し借りにおいて，**借用証書**の代わりとして手形が振り出される場合がある。商品売買のような商取引において振り出される手形を**商業手形**という。これに対し，金銭の貸し借りの際に振り出される手形を**金融手形**という。金融手形は実質的には商品取引ではなく金銭の貸し借りなので，商取引で用いる勘定とは区別し，**手形貸付金勘定**（資産）と**手形借入金勘定**（負債）を用いる。

他に，通常の「貸付け・借入れ」と同様に，「貸付金（資産）勘定・借入金（負債）勘定」を用いる場合もある。

手形貸付金（債権）	
手形による貸付額	

手形借入金（債務）	
	手形による借入額

例題13－3

次の取引について仕訳を行いなさい。

（１）　熊本商会は，現金 ¥200,000の借入れにあたり手形を振り出した。

（２）　長崎商会は，現金 ¥200,000の貸付けにあたり先方から借用証書の代わりとして約束手形を受け取った。

解　答

	借　　方	金　額	貸　　方	金　額
（1）	現　　　金	200,000	手形借入金	200,000
（2）	手形貸付金	200,000	現　　　金	200,000

4．手形記入帳

手形債権および手形債務の明細を明らかにするために，受取手形勘定・支払手形勘定の補助簿として**受取手形記入帳・支払手形記入帳**が用いられる。帳簿の形式を示すと，以下のとおりである。

受　取　手　形　記　入　帳

令和○年		摘要	金額	手形種類	手形番号	支払人	振出人または裏書人	振出日		支払期日		支払場所	てん末		
													月	日	摘要

支払手形記入帳

令和○年		摘要	金額	手形種類	手形番号	受取人	振出人	振出日		支払期日		支払場所	てん末		
													月	日	摘要

例題13－4

次の取引の仕訳をし，受取手形記入帳に記入しなさい。

11月３日　福岡商店に商品￥260,000を売り上げ，同店振出しの約束手形＃5を受け取った

　振出日11月３日　　支払期日11月30日　　支払場所：博多銀行

６日　熊本商店に対する売掛金￥300,000の回収として，同店振出しの約束手形＃13を受け取った。

　振出日11月６日　　支払期日12月５日　　支払場所：玉名銀行

20日　大分商店に商品￥400,000を売り上げ，代金は同店振出しの約束手形＃18￥400,000を受け取った。

　振出日11月20日　　支払期日12月30日　　支払場所：日田銀行

30日　かねて取立てを依頼していた福岡商店振出しの約束手形＃5￥260,000が期日に当座預金に入金された旨，取引銀行から通知を受けた。

解　答

	借　方	金　額	貸　方	金　額
11/3	受取手形	260,000	売　上	260,000
6	受取手形	300,000	売掛金	300,000
20	受取手形	400,000	売　上	400,000
30	当座預金	260,000	受取手形	260,000

受取手形記入帳

令和○年		摘要	金額	手形種類	手形番号	支払人	振出人または裏書人	振出日		支払期日		支払場所	てん末		
													月	日	摘要
11	3	売　上	260,000	約手	5	福岡商店	福岡商店	11	3	11	30	博多銀行	11	30	決済
	6	売掛金	300,000	約手	13	熊本商店	熊本商店	11	6	12	5	玉名銀行			
	20	売　上	400,000	約手	18	大分商店	大分商店	11	20	12	30	日田銀行			

例題13－5

次の取引の仕訳をし，支払手形記入帳に記入しなさい。

11月５日　大分商店から商品￥600,000を仕入れ，代金は同店宛の約束手形＃10を振り出して支払った。

振出日11月５日　　支払期日11月30日　　支払場所：中津銀行

17日　佐賀商店に対する買掛金￥360,000の支払いとして，約束手形＃12を振り出した。

振出日11月17日　　支払期日12月15日　　支払場所：鳥栖銀行

30日　11月５日に振り出した大分商店宛の約束手形＃10が期日に，当店の当座預金から支払われた旨，取引銀行から通知を受けた。

解　答

	借　方	金　額	貸　方	金　額
11/5	仕　　入	600,000	支 払 手 形	600,000
17	買 掛 金	360,000	支 払 手 形	360,000
30	支 払 手 形	600,000	当 座 預 金	600,000

支払手形記入帳

令和○年		摘要	金額	手形種類	手形番号	受取人	振出人	振出日		支払期日		支払場所	てん末		
													月	日	摘要
11	5	仕　入	600,000	約手	10	大分商店	当　店	11	5	11	30	中津銀行	11	30	決済
	17	買掛金	360,000	約手	12	佐賀商店	当　店	11	17	12	15	鳥栖銀行			

5．電子記録債権・債務

売掛金や買掛金などの債権・債務を，**電子債権記録機関**において電子的に記録してもらうことができる。記録は取引銀行を通じて，債権者からも債務者からも行うことができる。**電子記録債権・債務**の記録が行われると，取引の相手方に通知される。そして，支払期日が到来した段階で，自動的に銀行口座を通じて決済される。

たとえば，債権者Aが債務者Bに対する売掛金などの債権の発生記録の依頼を取引銀行を通じて電子記録債権機関に行う。すると債務者Bは，取引銀行を通じて債務発生記録の通知を受け取り，承諾をする。債権者Aは**電子記録債権勘定**（資産）の借方に記入し，債務者Bは**電子記録債務勘定**（負債）の貸方に記入する。期日に決済されれば，それぞれ債権・債務の減少記録を行うことになる。

なお，電子記録債権は他人に譲渡する（売り渡す）ことができる。その際に債権金額と譲渡金額（売却価額）に差が生じた場合は，その差額を**電子記録債権売却損勘定**，または**電子記録債権売却益勘定**に記入する。

債権者A

電子記録債権（債権）	
記録を依頼した（された）売掛金の金額	

売　掛　金	
×××	記録を依頼した（された）売掛金の金額

債務者B

電子記録債務（債務）	
	記録を依頼された（した）買掛金の金額

買　掛　金	
記録を依頼された（した）買掛金の金額	×××

例題13－6

次の取引について，福岡商会と佐賀商会のそれぞれの立場で仕訳を行いなさい。

福岡商会は，取引銀行を通じて，佐賀商会に対する売掛金 ¥50,000について，電子債権記録機関に対して電子記録債権の発生記録の請求を行った。佐賀商会は電子記録債権機関から，電子記録債務の発生記録通知を受け，これを承諾した。

解　答

	借　　方	金　額	貸　　方	金　額
福岡	電子記録債権	50,000	売　掛　金	50,000
佐賀	買　掛　金	50,000	電子記録債務	60,000

例題13－7

次の取引について，福岡商会と佐賀商会のそれぞれの立場で仕訳を行いなさい。

電子記録債権の支払期日が到来し，福岡商会の普通預金口座に ¥50,000が振り込まれた。なお，佐賀商会は当座預金から減額された。

解　答

	借　　方	金　額	貸　　方	金　額
福岡	普 通 預 金	50,000	電子記録債権	50,000
佐賀	電子記録債務	50,000	当 座 預 金	50,000

例題13－8

次の取引について，福岡商会と佐賀商会のそれぞれの立場で仕訳を行いなさい。

福岡商店は譲渡記録により，電子記録債権 ¥450,000を現金 ¥400,000と引換えに佐賀商店に譲渡した。

解　答

	借　　方	金　額	貸　　方	金　額
福岡	現　　　　金	400,000	電子記録債権	450,000
	電子記録債権売却損	50,000		
佐賀	電子記録債権	400,000	現　　　　金	400,000

【練習問題】

1．次の取引の仕訳を行いなさい。

① 熊本商店から，かねて注文しておいた商品 ¥300,000を引き取り，注文時に支払った手付金 ¥70,000を差し引き，差額を同店宛の約束手形を振り出して支払った。なお，その際，引取運賃 ¥7,000を現金で支払った。

② 佐賀商店へ買掛金支払いのため，同店宛に約束手形 ¥120,000を振り出して支払った。

③ 長崎商店から商品 ¥230,000を仕入れ，代金は同店宛の約束手形を振り出して支払った。

④ 大分商店から商品 ¥180,000を仕入れ，代金のうち半額は同店宛の約束手形を振り出して支払い，残額は小切手を振り出して支払った。

⑤ 得意先宮崎商店に対し，先に注文のあった商品を引き渡し，この代金 ¥400,000から手付金 ¥80,000を控除した差額のうち，半額を同店振出しの約束手形で受け取り，残額は月末に受け取ることとした。

	借方科目	金　額	貸方科目	金　額
①				
②				
③				
④				
⑤				

2．次の取引の仕訳を行いなさい。

（1）　山口商店に対する売掛金￥150,000について，同店の承諾後，発生記録により，電子記録債権が発生した。

（2）　島根商店に対する買掛金￥380,000について，同店の承諾後，発生記録により，電子記録債権に係る債務が発生した。

（3）　高知商店の売掛金に対して発生した電子記録債権￥130,000が決済され当座預金に入金された。

（4）　徳島商店の買掛金に対して発生していた電子記録債権に係る債務￥320,000が決済され当座預金から引落しされた。

（5）　譲渡記録により，電子記録債権￥360,000を現金￥320,000と引換えに譲渡した。

（6）　譲渡記録により，電子記録債権を下関商店の買掛金￥185,000と引換えに譲渡した。

	借方科目	金　額	貸方科目	金　額
(1)				
(2)				
(3)				
(4)				
(5)				
(6)				

第14章

有形固定資産

企業が長期にわたって使用する備品，機械，建物，車両運搬具，土地などの資産を固定資産という。さらに，これらの資産は形があることから，これらは有形固定資産と呼ばれる。これら有形固定資産の増減は，それぞれの固定資産を表す勘定に記録される。たとえば，備品勘定，建物勘定，車両運搬具勘定，土地勘定に記録される。

固定資産には，企業が長期にわたって使用する目的で保有する特許権や長期性預金（1年以上）などの具体的な形態を持たない固定資産もあるが，ここでは，有形固定資産のみが学習の対象となる。

1．有形固定資産の取得

有形固定資産を取得したときには，取得した資産を表す資産勘定の借方に記入する。取得原価とは購入代価に**付随費用**を加算したものである。付随費用とは，購入手数料，運送費，据付費，試運転費など，その固定資産を購入し，使用に至るまでにかかった諸費用である。

有形固定資産の増減を記録する勘定には，**備品**，**建物**，**機械装置**，**車両運搬具**，**船舶**，**土地**などがある。たとえば，建物の購入であれば，勘定記入は次のようになる。

建	物
購入代価＋付随費用	

例題14－1

次の取引の仕訳を行いなさい。

10月10日　福岡商店は事務用机および椅子を購入し，代金￥50,000と引取運賃￥3,000を現金で支払った。

15日　福岡商店は建物￥1,500,000を取得し，代金は月末に支払うこととした。これにかかわる手数料や登記料￥50,000は小切手を振り出して支払った。

20日　福岡商店は営業用のトラック￥2,700,000を取得し，代金は月末に支払うこととした。

解　答

	借　方	金　額	貸　方	金　額
10/10	備　品	53,000	現　金	53,000
15	建　物	1,550,000	未払金	1,500,000
			当座預金	50,000
20	車両運搬具	2,700,000	未払金	2,700,000

2．有形固定資産の売却

有形固定資産が不用になったり，使用できなくなったりすると売却することがある。この場合，当該有形固定資産勘定の貸方にその帳簿価額を記入する。そして，有形固定資産の帳簿価額と売却価額との差額は**固定資産売却益勘定**（収益）または**固定資産売却損勘定**（費用）に記入する。売却価額が売却資産の帳簿価額より高い場合は，その差額は固定資産売却益勘定の貸方に，逆に低い場合は，固定資産売却損勘定の借方に記入することになる。

なお，帳簿価額とは減価償却累計額（価値の減額）を控除した金額をいうが，減価償却については，第17章（決算Ⅱ）で学習する。

帳簿価額＞売却価額

固定資産売却損	
売却で生じた損失額	

帳簿価額＜売却価額

固定資産売却益	
	売却で生じた利益額

例題14－2

次の取引の仕訳を行いなさい。

10月12日　福岡商店は，帳簿価額 ¥300,000の備品が不用になったため，¥220,000で売却し，代金は現金で受け取った。

17日　福岡商店は，帳簿価額 ¥600,000の営業用トラックを ¥620,000で売却し，代金は月末に受け取ることにした。

解　答

	借　　方	金　額	貸　　方	金　額
10/12	現　　金	220,000	備　　品	300,000
	固定資産売却損	80,000		
17	未　収　金	620,000	車両運搬具	600,000
			固定資産売却益	20,000

【練習問題】

次の取引の仕訳を行いなさい。

① 販売店舗用の土地200㎡を１㎡当たり ¥7,500で購入し，整地費用 ¥150,000，登記料 ¥10,000および仲介手数料 ¥20,000とともに，代金は小切手を振り出して支払った。

② 営業用の建物 ¥2,250,000を購入し，小切手を振り出して支払った。なお，不動産業者への手数料 ¥62,500と登記料 ¥45,000は現金で支払った。

③ 事務用の計算機５台を購入し，その代金 ¥375,000のうち半額は小切手を振り出して支払い，残額は月末に支払う約束である。なお，引取運賃 ¥4,000は現金で支払った。

④　営業用の建物を ¥2,650,000で買い入れ，代金は仲介手数料 ¥82,500とともに月末に支払うことにした。

⑤　店舗の陳列棚を購入し，その代金 ¥175,000は小切手を振り出して支払い，引取運賃 ¥7,500と運送保険料 ¥8,500は現金で支払った。

⑥　営業用乗用車１台を購入し，代金 ¥600,000は小切手を振り出して支払った。

⑦　事務所用の机・いすを ¥52,500で購入し，代金は小切手を振り出して支払った。なお，引取運賃 ¥3,250は現金で支払った。

⑧　営業用の倉庫を ¥3,400,000で購入し，代金は小切手を振り出して支払った。なお，登記料 ¥22,500と仲介手数料 ¥19,000は現金で払った。

⑨　帳簿価額 ¥4,100,000の倉庫用地を ¥4,450,000で売却し，代金は送金小切手で受け取った。

	借方科目	金　額	貸方科目	金　額
①				
②				
③				
④				
⑤				
⑥				
⑦				
⑧				
⑨				

第15章

税金の会計処理

ここでは，税金の会計処理を学習する。税金を納めることが国民の義務であるように，企業も事業活動を行う限り，国や地方公共団体からさまざまな税金が課される。税金には，費用となる税金と費用とならない税金とがある。

1．費用となる税金

(1) 期中の会計処理

費用となる税金には，**固定資産税**，**自動車税**，**印紙税**などがあり，これらは**租税公課勘定**（費用）を用いて記録する。租税公課とは，いわば支払税金を意味する勘定で，租税（税金）と公課（公的な課金）を合わせた勘定科目である。税金を納めたときや**納税通知書**を受け取ったときに納税額を租税公課勘定の借方に記入する。

なお，納税通知書を受け取った場合は，その時点では未だ税金を支払っていない点に注意が必要である。たとえば自治体からの固定資産税の納税通知書であれば，租税公課勘定の借方に記入するとともに，**未払固定資産税勘定**（負債）の貸方に記入することになる。

租税公課（費用）

借方	貸方
支払うべき税金	

未払固定資産税

借方	貸方
	支払うべき税金

例題15－1

次の取引の仕訳を行いなさい。

① 収入印紙 ¥10,000を購入し，代金は現金で支払った。

② 市役所から固定資産税の納税通知書 ¥90,000（第１期分）が届けられた。

③ 固定資産税第１期分を現金で納付した。

解 答

	借 方	金 額	貸 方	金 額
①	租税公課	10,000	現 金	10,000
②	租税公課	90,000	未払固定資産税	90,000
③	未払固定資産税	90,000	現 金	90,000

（2）決算における会計処理

印紙税は，固定資産税などと一緒に費用として計上することが認められている税金である。印紙税は，契約書や領収書などを作成するときに課せられる税金であり，印紙の購入時点で費用として記録される。そして，購入した印紙は切手のように書類（契約書・領収書）に添付することになる。

ただし，期末において収入印紙の未使用分（未添付分）が生じることがある。その場合は，**貯蔵品勘定**（資産）に振り替えて次期に繰り越す処理を行う。

貯 蔵 品	
印紙の未使用額	

租税公課	
×××	印紙の未使用額

なお決算において，いったんは貯蔵品勘定として次期に繰り越すが，次期の期首においてまた，租税公課勘定へ再度振り替えられ，次期の費用として記録される。

例題15－2

次の取引の仕訳を行いなさい。

① 郵便局で，収入印紙￥50,000と郵便切手￥10,000を現金で購入した。

② 期末において，未使用分の収入印紙￥10,000を貯蔵品勘定に振り替えた。

③ 期首において，前期から繰り越された貯蔵品￥10,000を適切な費用勘定へ振り替えた。

解　答

	借　方	金　額	貸　方	金　額
①	租税公課 通信費	50,000 10,000	現　金	60,000
②	貯蔵品	10,000	租税公課	10,000
③	租税公課	10,000	貯蔵品	10,000

2．費用とならない税金

前述のとおり，企業の支払う税金には，費用となる税金と費用とならない税金がある。また，資産の取得原価に含める税金もある。もし会社の形態が株式会社であれば，**益金**から**損金**を控除した所得に**法人税・住民税・事業税**が課される。

簿記では，利益を計算するために収益から差し引かれるものを費用という。法人税などは，利益から差し引かれるため費用とはいわない。しかし，仕訳をする上では，費用の勘定と同じように捉えて仕訳をすることになる。つまり，発生した場合は，勘定口座の借方に記入することになる。

（1）法人税等の計算と確定申告

株式会社は，法人税を支払わなければならない。個人でいえば所得税のようなものである。法人税は，税引前の当期純利益に一定の税率を乗じて計算され，確定する。また，法人税が確定すると，それに連動して地方税である住民税と事業税の額も算出され確定するきまりである。

簿記では，税引前の当期純利益に基づいて課税されるこれらの税金をまとめて，**法人税等勘定**（または，**法人税，住民税及び事業税勘定**）の借方に記入する。

法人税等の金額は，決算時点で計算されるが，決算時にその税額を納税するわけではなく，支払いは決算後２カ月以内に行われる（**確定申告**）。したがって，決算時点では法人税等勘定の相手科目は，**未払法人税等勘定**となる。

法人税等	
支払うべき法人税等の金額	

未払法人税等	
	支払うべき法人税等の金額

例題15－3

次の取引の仕訳を行いなさい。

① 決算において法人税，住民税及び事業税 ¥500,000を計上した。

② 確定申告を行い，上記法人税等を普通預金から支払い納付した。

解 答

	借 方	金 額	貸 方	金 額
①	法人税等 （法人税，住民税及び事業税）	500,000	未払法人税等	500,000
②	未払法人税等	500,000	普通預金	500,000

（2）中間申告

また，株式会社は，法人税等の前年の納税額が一定額以上である場合は，会計期間の中間時点（期首から６カ月経過した時点から２カ月以内）で，予想される法人税等の額の２分の１を仮払いしなければならない。これを**中間申告**といい，支払額は**仮払法人税等勘定**（資産）の借方に記入される。

仮払法人税等

予想される法人税等額の2分の1	

例題15－4

次の取引の仕訳を行いなさい。

① 中間申告を行い，法人税，住民税及び事業税 ¥200,000を普通預金から納付した。

② 決算において，法人税，住民税及び事業税 ¥500,000を計上した。なお，中間時点で ¥200,000の仮払いをしている。

解　答

	借　　方	金　額	貸　　方	金　額
①	仮払法人税等	200,000	普通預金	200,000
②	法人税等（法人税，住民税及び事業税）	500,000	仮払法人税等	200,000
			未払法人税等	300,000

3．消費税

消費税は，最終的に商品を消費した消費者が支払うものであるが，消費税の納税義務者は企業である。そして，消費税の納入は企業自身が商品を仕入れる際に支払った消費税を差し引いて納税することになる。

たとえば，企業が ¥10,000の商品を仕入れて，消費税が ¥1,000であったとすると，支払額は ¥11,000となる。そして，その商品を ¥15,000で売り上げて，消費税が ¥1,500であったとすると，受取額は ¥16,500となる。このとき企業は，¥1,000の消費税を仮払いし，¥1,500の消費税を仮受けしたことになる。最終的（決算時）には，仮受けした消費税と仮払いした消費税の差額 ¥500を納税することになる。

消費税の会計処理には**税抜方式**と**税込方式**があるが，通常は税抜方式で行われる。つまり，上記の例でいえば，仕入勘定の借方には消費税分を抜いた¥10,000が記入され，売上勘定の貸方には，同じく消費税分を抜いた¥15,000が記入される。なお，仕入時に仮払いした¥1,000は**仮払消費税勘定**（資産）の借方に，売上時に受け取った消費税は**仮受消費税勘定**（負債）の貸方に記入される。

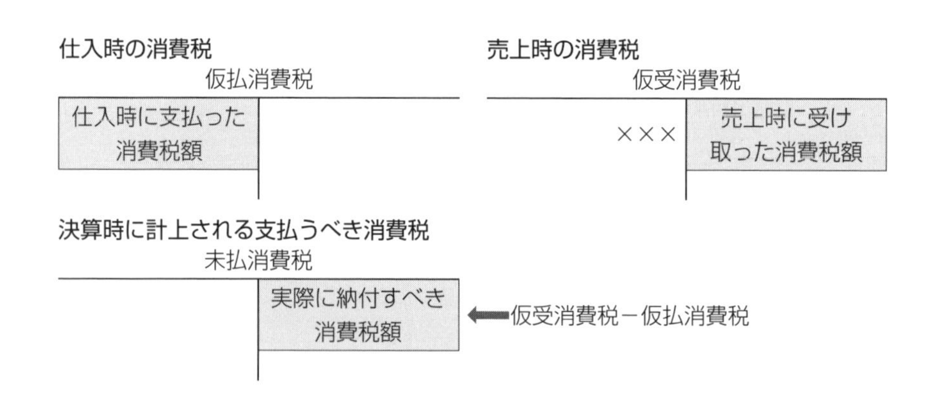

例題15－5

次の一連の取引の仕訳を行いなさい。

① 商品¥200,000を仕入れ，代金は消費税¥20,000とともに小切手を振り出して支払った。

② 商品¥250,000を売り上げ，代金は消費税¥25,000とともに掛けとした。

③ 決算に際して，納付すべき消費税の額を計上した。

解　答

	借　　方	金　額	貸　　方	金　額
①	仕　　入	200,000	当座預金	220,000
	仮払消費税	20,000		
②	売掛金	275,000	売　　上	250,000
			仮受消費税	25,000
③	仮受消費税	25,000	仮払消費税	20,000
			未払消費税	5,000

【練習問題】

次の取引の仕訳を行いなさい。

（1）　固定資産税の納税通知書を受け取り，¥200,000を現金で納付した。

（2）　決算の結果，法人税等が¥800,000と確定した。すでに中間納付税額¥600,000を納付している。

（3）　商品¥2,000,000を仕入れ，消費税（10%）を加算して現金で支払った。なお，当社は税抜方式を採用している。

（4）　商品¥6,000,000を売り上げ，消費税（10%）を加算した代金は掛けとした。なお，当社は税抜方式を採用している。

（5）　決算時，消費税納付額を計算した結果，商品売買取引に係る仮受消費税¥550,000と仮払消費税¥450,000の差額¥100,000が，消費税納付額として確定した。

	借　　方	金　額	貸　　方	金　額
(1)				
(2)				
(3)				
(4)				
(5)				

第16章

株式会社の資本

ここでは，株式会社の資本（純資産）について学習する。株式会社は株式を発行して資金を調達し，それを元手として会社経営を行う。したがって，会社設立時の資金調達と，その後の増資による資金調達の方法が個人企業とは異なることになる。

また，会社が獲得した当期純利益も純資産である資本を増加させるが，振り替える相手先が資本金勘定ではない。株主への配当があるためである。

ここでは，株式会社設立時における資金調達の会計処理と，獲得した利益の処分（使い方を決定すること）に関する会計処理について学習する。

1．株式会社の設立と増資

株式会社は設立に際し，株式を発行し，資金を調達する。このとき，株式の購入者のことを**株主**という。この株主からの払込額は，**資本金勘定**（資本）の貸方に記入する。個人企業と同じである。

また，株式会社設立後も，事業拡張などの目的で，資金を調達するために，新たに株式を発行することがある。これを**増資**という。この場合も株主からの払込額を資本金勘定の貸方に記入する。

資　本　金	
	株式の発行による資金の調達額

例題16－1

次の取引の仕訳を行いなさい。

① 会社の設立にあたり，1株￥10,000で500株発行して全額当座預金に払い込みを受けた。

② 増資のため，新株を1株￥11,000で200株発行し，払込金額が当座預金口座に入金され，全額資本金とした。

解 答

	借 方	金 額	貸 方	金 額
①	当座預金	5,000,000	資本金	5,000,000
②	当座預金	2,200,000	資本金	2,200,000

※① @￥10,000×500株＝￥5,000,000

② @￥11,000×200株＝￥2,000,000

2．繰越利益剰余金

すでに学習したとおり，企業は決算において，収益と費用に属する勘定の残高を損益勘定へ振り替える処理を行う。そして，損益勘定では，集められた収益と費用の差額として，当期純損益が計算される。

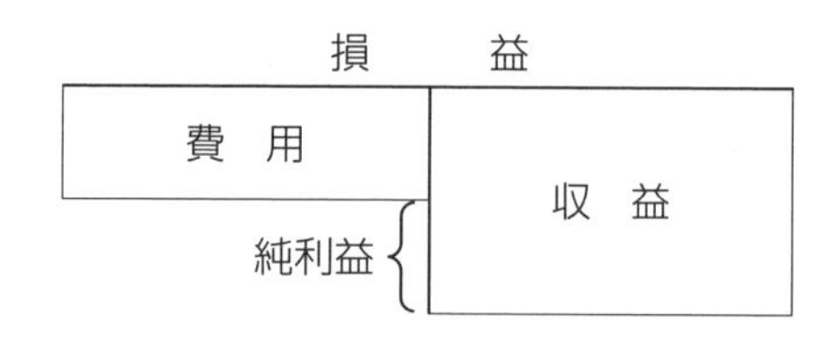

この当期における純利益は，個人企業の場合は資本金勘定へ振り替えられた。個人企業には株主が存在しないため，利益はすべて企業の所有者である企業主のものであると考えられるからである。しかし，株式会社の所有者は株主であるため，獲得した利益は株主へ分配する原資となる。したがって，資本金勘定とは区別して，**繰越利益剰余金勘定**（資本）の貸方に振り替える。

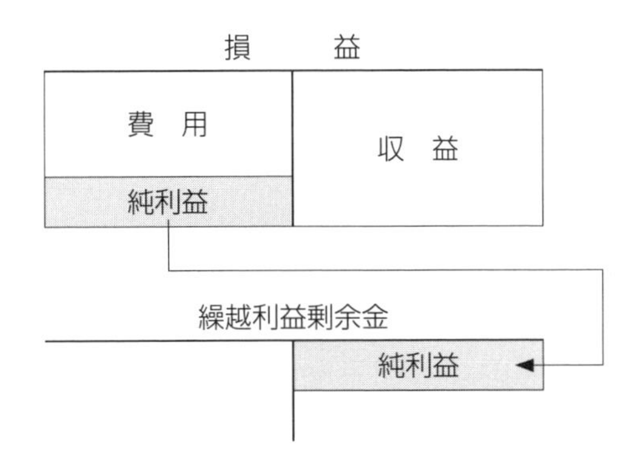

例題16－2

決算において，損益勘定に振り替えられた収益の合計が￥5,000,000，費用の合計が￥4,000,000であった場合の振替仕訳を行いなさい。

解　答

借　　方	金　額	貸　　方	金　額
損　　益	1,000,000	繰越利益剰余金	1,000,000

3．配　　当

（1）配当の決議

株式会社では，獲得した利益は株主に分配される。このことを**配当**という。株主が株を購入する意図には，売買による利益獲得の他に，配当を期待して購入する意図もある。しかし，配当を際限なく行ってよいというものではない。**会社法**が，株主への配当額を制限している。これは債権者（銀行など）を保護するためである。

配当は，会社が過去に計上した純利益の蓄積額から支払われる。ここでいう蓄積額とは，前節2．の繰越利益剰余金である。また配当は，**株主総会**の決議を経て行われるため，決議の時点で繰越利益剰余金を減額（同勘定の借方に記入）

し，同額を**未払配当金勘定**（負債）の貸方に記入する。

（2）利益準備金の計上

会社法は**債権者を保護**するために，企業が配当を行うと，**配当額の10分の1を利益準備金**として積み立てることを要求している。つまり，配当額を繰越利益剰余金勘定から**利益準備金勘定**（資本）へ振り替えることになる。会社法は，企業が配当を行うことによる会社財産の過度の流出を防いでいるのである。

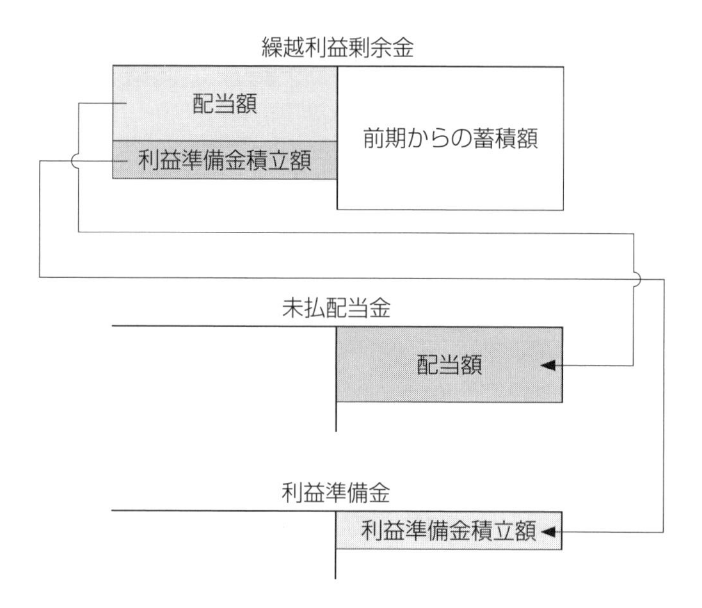

例題16－3

次の取引の仕訳を行いなさい。

① 株主総会において，株主配当金 ¥2,000,000，利益準備金 ¥200,000が承認された。

② 株主配当金 ¥2,000,000を当座預金から支払った。

解　答

	借　方	金　額	貸　方	金　額
①	繰越利益剰余金	2,200,000	未払配当金	2,000,000
			利益準備金	200,000
②	未払配当金	2,000,000	当座預金	2,000,000

【練習問題】

次の取引の仕訳を行いなさい。

（1）　会社の設立にあたり，株式100株を１株当たり￥10,000で発行し，払込金額は全額を普通預金とした。なお，払込金額の全額を資本金として処理する。

（2）　事業拡張のため，新たに株式50株を１株当たり￥15,000で発行し，払込金は全額当座預金とした。なお，払込金額の全額を資本金として処理する。

（3）　決算の結果，当期純利益が￥800,000と確定したので，繰越利益剰余金勘定に振り替えた。

（4）　株主総会で繰越利益剰余金￥1,200,000を次のとおり処分することが承認された。

株主配当金：￥180,000

利益準備金の積立：￥18,000

（5）　決算の結果，当期純損失￥146,000を計上した。ただし，繰越利益剰余金勘定残高が￥678,000ある。

（6）　６月の株主総会にあたり，配当金￥150,000，利益準備金￥15,000の繰越利益剰余金の処分が行われた。

（7）　株主総会で承認された配当金￥150,000を，当座預金より口座振込みにより支払った。

	借方科目	金　額	貸方科目	金　額
(1)				
(2)				
(3)				
(4)				
(5)				
(6)				
(7)				

第Ⅲ部

決算整理と財務諸表の作成

第17章

決　算　Ⅱ

―決算整理と決算整理仕訳―

決算についての基本的な流れは第８章で学習した。それは商品売買に関する取引を分記法によって記帳している会社の決算であった。また，個人企業を中心としたものでもあった。第17章（本章）から第19章では，商品売買に関する取引を３分法によって記帳している株式会社の決算について学習する。ここでは特に，決算整理・決算整理仕訳という新たな論点を中心に説明を行う。

1．決算整理

決算は，総勘定元帳の勘定記録に基づいて手続が行われる。しかし，一部の勘定記録については，修正が必要なものがある。すなわち，記録した時点では正しく記帳されていたとしても，決算時点で調整が必要なケースがあるということである。

そこで，決算にあたり各勘定が正しい実際有高やその期間の収益・費用の額を示すように，帳簿記録の修正や整理をすることになる。この修正手続を**決算整理**といい，そのために必要な仕訳を**整理仕訳**または**決算整理仕訳**という。

また，決算整理を必要とする事項を**決算整理事項**といい，決算整理事項には，次のような項目がある。

〈決算整理事項〉

(1)　現金過不足の整理

(2)　当座借越の計上

(3)　売上原価の計算

⑷　貸倒れの見積り
⑸　固定資産の減価償却
⑹　費用・収益の前払いと前受け
⑺　費用・収益の未収と未払い
⑻　貯蔵品勘定への振替え

以下，これら決算整理事項の各項目について，順に説明を行う。ただし，内容が豊富であるため，本章での説明は⑴～⑸までとする。これは，2016年12月改定前の全経簿記検定３級で出題されていた範囲に相当する。⑹～⑻については章を改めて，次章で説明を行う。

なおここでは，すでにこれまでの章で説明されている項目についても，簡単な解説を行う。

２．決算整理仕訳

（１）現金過不足

①　決算までに原因が判明しなかった現金過不足

現金に関する取引は頻繁に行われているため，現金勘定への記録も頻繁に行われることになる。頻繁に行われるということは，記入漏れや記入ミスなどが発生する可能性が高いということである。現金に関する記録は企業の経営や信用の面で極めて重要である。そこで企業は，定期的に実査して，現金の実際有高と帳簿残高との整合性を確認している。

現金の実際有高と帳簿残高との不一致額は，期中ではいったん，現金過不足勘定に記録し，その後不一致の原因を調査し，原因が判明すれば，該当する勘定へ振り替える処理を行う。

しかし，決算までに判明しなかった現金過不足勘定の残高は，借方残高であれば雑損勘定に，貸方残高であれば雑益勘定へ振り替えられる（第９章で学習済み）。

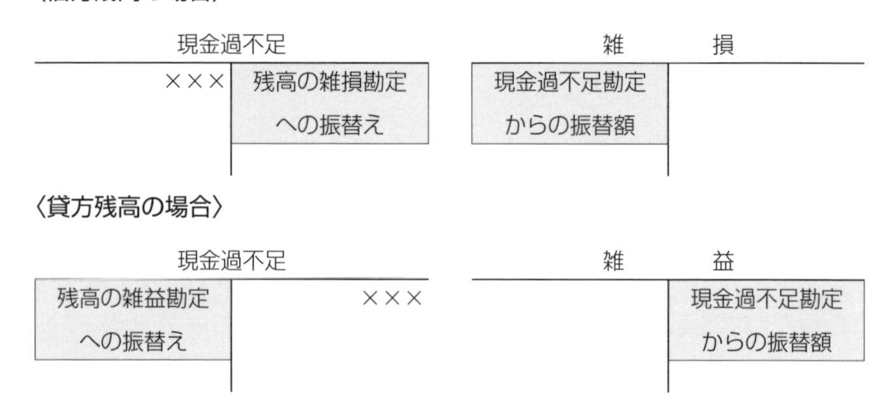

②　決算時点で把握された現金過不足

決算時点で判明した現金過不足があった場合は，現金勘定から雑損勘定または雑益勘定へ直接振り替えることになる。決算を迎えているので，調査をする時間的余裕がないためである。

〈実際有高が帳簿残高より少ない場合（実際有高<帳簿残高）〉

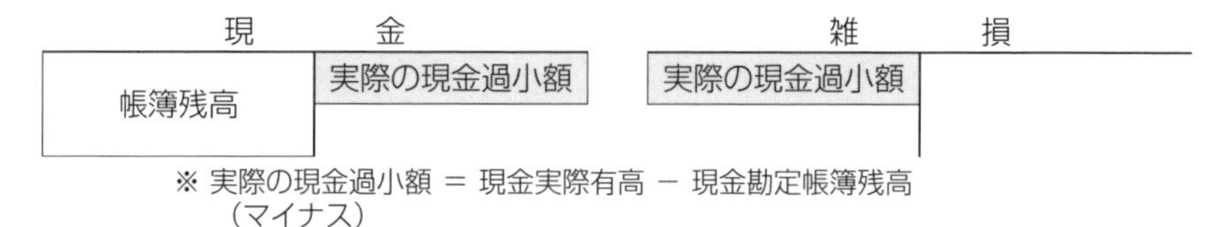

〈実際有高が帳簿残高より多い場合（実際有高>帳簿残高）〉

例題17－1

次の取引の仕訳を行いなさい。

① 決算において現金過不足勘定残高 ¥10,000（借方残高）を雑損勘定へ振り替えた。

② 決算において現金過不足勘定残高 ¥10,000（貸方残高）を雑益勘定へ振り替えた。

③ 決算において，現金の実際有高が帳簿残高より ¥5,000少ないことが判明した。

④ 決算において，現金の実際有高が帳簿残高より ¥5,000多いことが判明した。

解　答

	借　方	金　額	貸　方	金　額
①	雑　損	10,000	現金過不足	10,000
②	現金過不足	10,000	雑　益	10,000
③	雑　損	5,000	現　金	5,000
④	現　金	5,000	雑　益	5,000

（2）当座借越の計上

銀行との間に当座借越契約を結んでいる場合は，当座預金勘定残高を超えて小切手を振り出すことができる（第9章で学習済み）。決算において当座預金勘定の残高が貸方残高となっている場合は，銀行からの一時的な借入れと考えられる。したがって，その残高を**当座借越勘定**（負債）または**借入金勘定**の貸方へ振り替える。

当座預金

残高の当座借越勘定への振替え	×××

当座借越

	当座預金勘定からの振替額

例題17－2

決算につき，当座預金勘定の残高が，¥15,000（貸方残高）であったので，当座借越勘定へ振り替えた。

解　答

借　方	金　額	貸　方	金　額
当座預金	15,000	当座借越	15,000

（3）売上原価の計算

まず，3分法を用いている場合の商品売買益（売上総利益）の計算，売上勘定（純売上高）および仕入勘定（純仕入高）について確認をしておく。

商品売買取引を3分法によって記帳している場合には，当期の商品売買損益は決算において，次式のように，まとめて計算が行われる。

純売上高－売上原価＝商品売買益（マイナスのときは商品売買損）

なお，商品売買益については，一定期間まとめて計算する場合は，**売上総利益**という。

純売上高は，総売上高から売上戻り高・値引高を差し引いた金額で，売上勘定の貸方残高として示される。

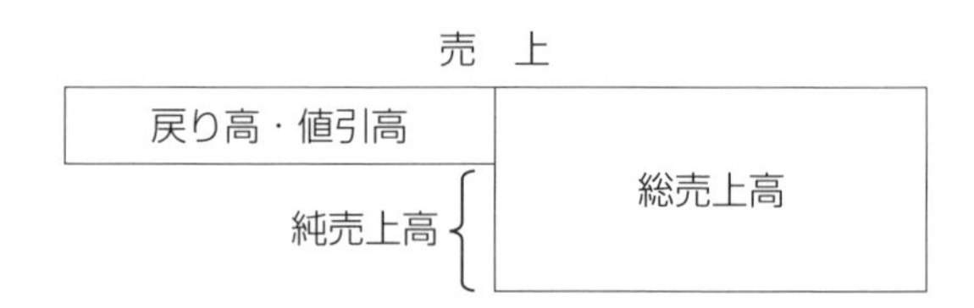

純仕入高は，総仕入高から仕入戻し高・値引高を差し引いた金額で，仕入勘定の借方残高として示される。

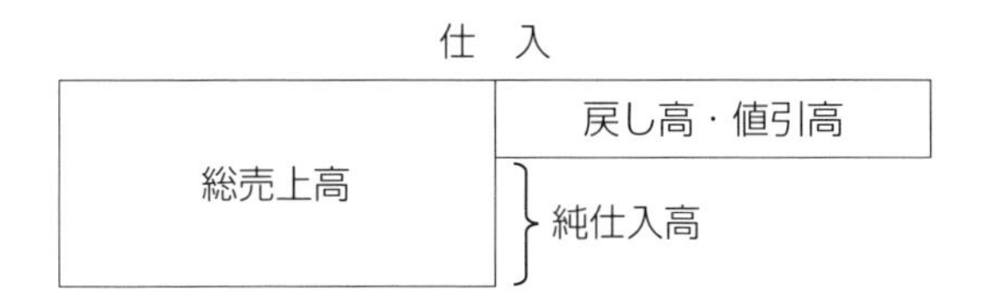

売上原価は，次に示す計算式によって求めることができる。

期首商品棚卸高＋純仕入高－期末商品棚卸高＝売上原価

次の資料をもとに売上原価を計算する方法と決算整理仕訳について確認する。

【決算整理仕訳】

資　料

期末商品棚卸高　¥200

繰越商品

前期繰越	100	

仕　入

純仕入高	1,000	

売　上

	純売上高	1,300

① 期首商品棚卸高を，繰越商品勘定から仕入勘定の借方に振り替える。これによって，仕入勘定の借方は，上記の売上原価を計算する式の「期首商品棚卸高＋純仕入高」の部分となる。

（借）仕　　　入　　100　　（貸）繰越商品　　100

② 期末商品棚卸高を，仕入勘定から差し引いて，繰越商品勘定の借方に振り替える。これによって，仕入勘定の貸方は，上記の売上原価を計算する式の「期首商品棚卸高＋純仕入高－期末商品棚卸高」の部分となり，式が完結する。

（借）繰越商品　　200　　（貸）仕　　　入　　200

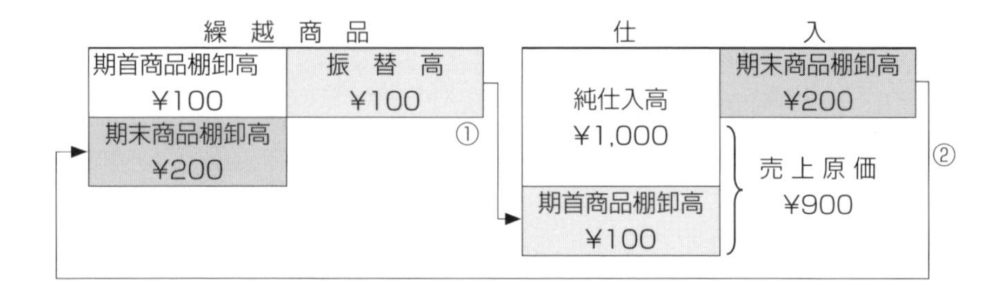

①・②の記入の結果，仕入勘定において¥100（期首商品棚卸高）＋¥1,000（純仕入高）－¥200（期末商品棚卸高）と計算され，売上原価は¥900となる。つまり，①・②の仕訳を行い，転記することにより，仕入勘定残高が売上原価になる。

例題17－3

次の資料により，売上原価を計算するための決算整理仕訳を行いなさい。また，売上原価の金額と，売上総利益（商品売買益）を計算しなさい（決算日：3/31）。

資料

純仕入高	¥2,000
期首商品棚卸高	¥　200
期末商品棚卸高	¥　300
純売上高	¥2,500

解　答

	借　方	金　額	貸　方	金　額
3/31	仕　　入	200	繰越商品	200
	繰越商品	300	仕　　入	300

売上原価：¥200＋¥2,000－¥300＝¥1,900

売上総利益：¥2,500－¥1,900＝¥600

(4) 貸倒れの見積り

得意先の倒産などにより，**売上債権**（売掛金や受取手形）などが回収できなくなることを**貸倒れ**という。

売掛金や受取手形の期末残高には，次期以降に貸倒れとなることが予想されるものがある。そのため決算に際し，これら売上債権に対して，次期以降に予想される貸倒れを見積もり，その見積額を**貸倒引当金繰入勘定**（費用）の借方に記入する。貸方については，貸倒れはまだ実際には生じていないため，売掛金勘定の貸方に記入し減額することはできない。

そこで，**貸倒引当金勘定**（負債）を設けて，この勘定の貸方に貸倒れの見積額を記入する。

次期以降に実際に貸倒れが生じた場合には，貸倒額を売掛金勘定の貸方と貸倒引当金勘定の借方に記入する。そして，決算にあたり，当期の貸倒れの見積額から貸倒引当金勘定の残高を差し引き，差額のみを同勘定の貸方に記入する。この方法を**差額補充法**という。

【決算整理仕訳】

（借）	貸倒引当金繰入	×××	（貸）	貸倒引当金	×××

売掛金・受取手形の期末残高×貸倒償却率＝貸倒見積額

貸倒引当金繰入

貸倒見積額	

貸倒引当金

	貸倒見積額

例題17－4

次の決算整理事項の仕訳と決算振替仕訳，および次期の期中仕訳を行いなさい。ただし，決算日は３月31日とする。

３月31日　第１期の決算にあたり，売掛金残高 ¥500,000に対して２％の貸倒れを見積もった。

３月31日　貸倒引当金繰入勘定の残高を損益勘定に振り替えた。

６月20日　得意先東京商店が倒産したため，同店に対する売掛金 ¥6,000が貸倒れとなった。ただし，貸倒引当金勘定の残高が ¥10,000ある。

解　答

	借　　方	金　額	貸　　方	金　額
3/31	貸倒引当金繰入	10,000	貸倒引当金	10,000
〃	損　　益	10,000	貸倒引当金繰入	10,000
6/20	貸倒引当金	6,000	売　掛　金	6,000

貸倒見積額：500,000×0.02＝10,000

例題17－5

次の決算整理事項の仕訳と決算振替仕訳を行いなさい。ただし，決算日は３月31日とする。

３月31日　例題17－４に続いて，第２期の決算にあたり，売掛金残高￥800,000に対して３％の貸倒れを見積もった。ただし，貸倒引当金勘定の残高が￥4,000ある。

３月31日　貸倒引当金繰入勘定の残高を損益勘定に振り替えた。

解　答

	借　　方	金　額	貸　　方	金　額
3/31	貸倒引当金繰入	20,000	貸倒引当金	20,000
〃	損　　益	20,000	貸倒引当金繰入	20,000

貸倒見積額：800,000×0.03＝24,000

24,000－4,000＝20,000（差額補充法）

（5）固定資産の減価償却

①　固定資産の減価償却

備品・建物・車両運搬具などの固定資産は，使用や時の経過などにより価値が徐々に失われていく。そこで決算にあたり，当期における価値の減少額（減価）を費用として計上し，固定資産の帳簿価額を減額する。この手続を**減価償却**という。これによって計上される費用を**減価償却費**という。

②　減価償却費の計算方法

減価償却費の計算方法にはいくつかの方法がある。ここでは毎期一定の減価償却費を計上する**定額法**について学習する。日商簿記検定３級では，定額法のみの出題となっている。

定額法は，取得原価から残存価額※を差し引き耐用年数で除して計算する。

- **取得原価**……固定資産の購入時の価額（付随費用を含む）
- **残存価額**……固定資産を耐用年数まで使用した後の処分予想価額
- **耐用年数**……固定資産が使用できると見込まれる年数

〈定額法による減価償却の計算式〉

$$1年間の減価償却費 = \frac{取得原価 - 残存価額}{耐用年数}$$

※残存価額について

2007年4月以降に購入した固定資産については，残存価額はゼロとして計算するようになっている。税法の改正によるものである。したがって，2007年4月以降の取得であれば，取得原価を耐用年数で除すだけでいいので，計算がより簡単になっている。

③　減価償却費の記帳

減価償却費の記帳方法には，**直接法**と**間接法**がある。直接法とは固定資産の各勘定残高から減価償却額を減額する方法である。

直接法による減価償却の計上は，次のように仕訳を行う。

減価償却費を**減価償却費勘定**（費用）の借方に記入するとともに，固定資産の勘定（備品・建物・車両運搬具）の貸方に記入し，その固定資産の各勘定残高から直接減額する。

【決算整理仕訳】（対象資産が備品の場合）

（借）　減価償却費　　×××　　　（貸）　備　　　品　　×××

減価償却費	
減価償却額	

備品	
取得原価	減価償却額

間接法による減価償却費の計上は，次のように仕訳を行う。

減価償却費を減価償却費勘定（費用）の借方に記入するとともに，固定資産（備品・建物・車両運搬具）ごとに設けた**減価償却累計額勘定**（負債）の貸方に記入する。

【決算整理仕訳】（対象資産が備品の場合）

（借）減価償却費　×××　（貸）備品減価償却累計額　×××

減価償却費

減価償却額	

備品

取得原価	

備品減価償却累計額

	減価償却額

（注）なお，日商簿記検定３級では現在，間接法のみでの出題となっている。

例題17−6

次の資料（決算整理事項・取引）により，決算振替仕訳，および次年度における売却に関する仕訳を行いなさい。ただし，決算日は３月31日とする。

３月31日　決算にあたり，取得原価 ¥500,000，残存価額 ゼロ，耐用年数５年の備品について，定額法で減価償却を行った。なお，間接法によること。

３月31日　減価償却費勘定の残高を損益勘定に振り替えた。

６月30日　取得原価 ¥500,000（期首の減価償却累計額 ¥100,000，残存価額ゼロ，耐用年数５年）の備品を ¥380,000で売却し，代金は小切手で受け取った。

解　答

	借　方	金　額	貸　方	金　額
3/31	減価償却費	100,000	備品減価償却累計額	100,000
〃	損益	100,000	減価償却費	100,000
6/30	減価償却累計額	100,000	備品	500,000
	減価償却費	25,000	固定資産売却益	5,000
	現金	380,000		

決算日（3/31）の減価償却費

500,000÷５年＝100,000

売却日（6/30）の減価償却費（期首から売却日までの金額）

100,000×3カ月／12カ月＝25,000

【練習問題】

次の元帳勘定残高（一部）により，決算に必要な整理仕訳を行いなさい。

元帳勘定残高（一部）

現　金　¥120,000　　当座預金　¥2,000（貸方残高）　　受取手形　¥80,000

売掛金　¥60,000　　貸倒引当金　¥800　　繰越商品　¥12,000

備　品　¥70,000　　備品減価償却累計額　¥21,000　　租税公課　¥1,200

現金過不足　¥6,000（貸方残高）

1. 現金過不足 ¥6,000（貸方残高）の原因は不明であった。
2. 当座預金勘定の残高が貸方であったため，当座借越勘定へ振り替えた。
3. 期末商品棚卸高は ¥10,000であった。
4. 売上債権（受取手形と売掛金）に対して，２％の貸倒れを見積もった（差額補充法）。
5. 備品に対して，残存価額 ゼロ，耐用年数 10年として減価償却を行う。

	借　　方	金　　額	貸　　方	金　　額
1				
2				
3				
4				
5				

第18章

決　算　Ⅲ

—費用・収益の修正—

ここでは，前章では説明していない決算整理事項を取り扱う。すなわち「収益と費用の前払い・前受け」，「収益と費用の未収・未払い」，および「貯蔵品勘定への振替え」である。なお，決算整理仕訳を加味した精算表，損益計算書，および貸借対照表の作成については，次章で学習する。

1．費用と収益の記録

収益や費用は，受け取ることや支払うことで，その取引が完了するのが一般的である。しかし中には，契約により一定期間継続して取引が行われるものもある。これらは契約がある限り，取引関係が継続しており，その完了時点が明確ではない。また，これらの代金の受払いは，一定の日にまとめて行われることもある。その場合，一定期間まとめて受け取った金額，または支払った金額で記録されている。

このように，記録されている収益や費用の金額の中には，当期の損益計算書に計上すべき金額が正しく表示されていない場合がある。したがって，修正が必要になる。

つまり，当期に支払った費用に，次期分が含まれている場合は，その金額を当期の費用から差し引く（費用の前払い）。また，当期に受け取った収益に，次期分が含まれている場合は，その金額を当期の収益から差し引く（収益の前受け）。

さらには，当期の費用であるにもかかわらす，未だ支払っていない費用があることもある。この場合は，その分を当期の費用として計上する（費用の未払い）。また，当期の収益であるにもかかわらず，未だ受け取っていない収益もある。

この場合は，その分を当期の収益として計上する（収益の未収）。

理由は，次のとおりである。

① 次期以降の分までまとめて受け取ったり，支払ったりしていると，次期の収益や費用までもが当期に計上されてしまう。その結果，収益は受取り過ぎ，費用は支払い過ぎとなっている。これらの収益や費用は当期に計上した金額から差し引かなければならない。

② 当期の分であるが，受払いが次期にまとめて行われる場合は，当期においては計上されてない。その結果，収益や費用が少なくなっている。これらの収益や費用は当期の計上額に加算すべきである。

以下，2．と3．で，これらの修正に関する会計処理について，説明を行う。

2．収益・費用の前払いと前受け

ここでは，1．の①に関する修正について，（1）費用の前払い，（2）収益の前受け，および（3）再振替仕訳の3つの視点から説明を行う。

（1）費用の前払い

通常費用は，支払時にその金額を費用として計上するが，次期の分までまとめて支払っていることがある。決算では，この前払分を当期の費用から減額し，**前払費用勘定**（資産）の借方に記入する。つまり，決算において，期中に費用として計上していたものを「当期の費用になるもの」と「次期の費用になるもの」に分け，次期の費用になるものを当期の費用から控除する処理を行う。

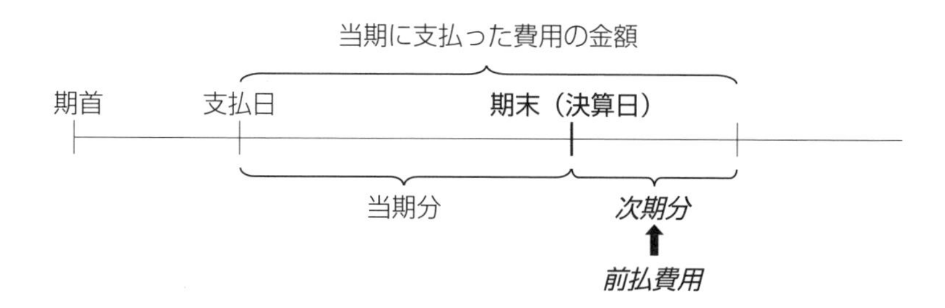

もし，支払家賃のケースであれば，次のような仕訳処理と勘定記入になる。

（借）	前 払 家 賃 （前払費用）	×××	（貸）	支 払 家 賃	×××

支 払 家 賃

借方	貸方
当期の支払額	前払分

前 払 家 賃

借方	貸方
前払分	

（2）収益の前受け

通常収益は，受取時にその金額を収益として計上するが，次期の分までまとめて受け取っていることがある。決算では，この前受分を当期の収益から減額し，**前受収益勘定**（負債）の貸方に記入する。つまり，決算において，期中に収益として計上していたものを「当期の収益になるもの」と「次期の収益になるもの」に分け，次期の収益になるものを当期の収益から控除する処理を行う。

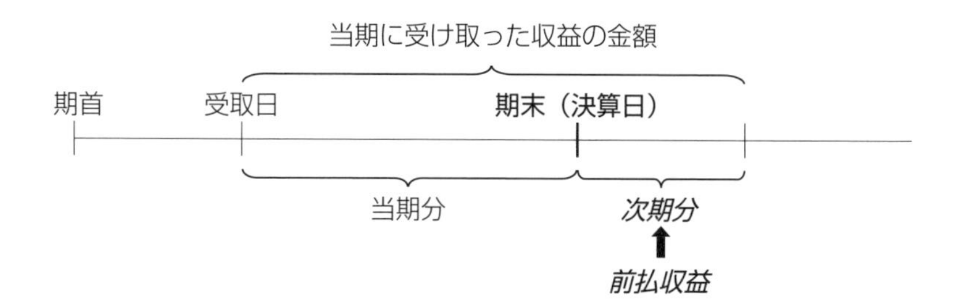

もし，受取家賃のケースであれば，次のような仕訳処理を行う。

（借）受取家賃　×××　（貸）前受家賃　×××
　　　　　　　　　　　　　（前受収益）

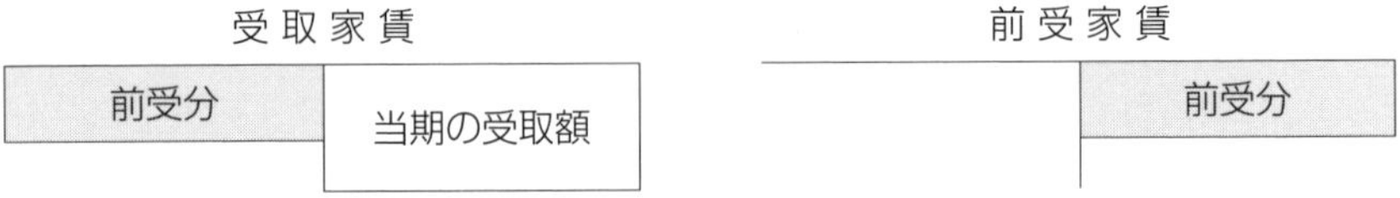

(3) 再振替仕訳

決算整理仕訳で「前払い・前受け」を計上するが，これらの**経過勘定**（前払い・前受け）は，次期を迎えると期首の時点で必ず逆仕訳を行う。この仕訳を**再振替仕訳**という。たとえば支払家賃（費用）であれば，次期においてはすでに前期において支払われているため，支払家賃（費用）を計上するタイミングがない。したがって，再振替仕訳を行うことにより，費用が計上されることになる。また，前払家賃（資産）は，次期においては支払うべき家賃（費用）であるため，もはや次期の資産ではない。

支払家賃および受取家賃のケースでは，次のような仕訳処理を行う。なお，ここでは，決算が行われる年度を当期，再振替仕訳が行われる年度を次期として例示している。

〈仕訳：支払家賃〉

期末（当期・決算整理仕訳）

（借）前払家賃　×××　（貸）支払家賃　×××

期首（次期・再振替仕訳）

（借）支払家賃　×××　（貸）前払家賃　×××

〈再振替えの勘定記入〉

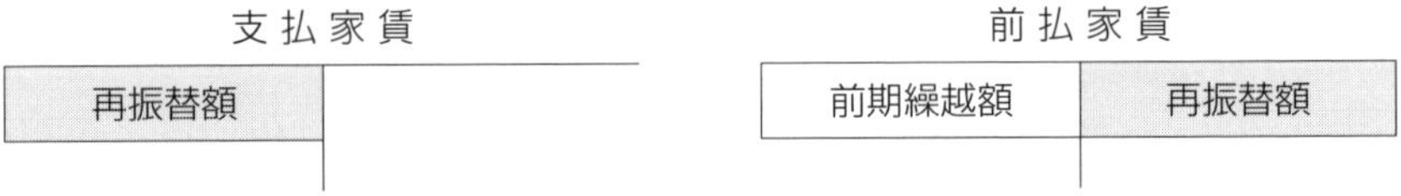

〈仕訳：受取家賃〉

期末（当期・決算整理仕訳）

（借）受取家賃　×××　（貸）前受家賃　×××

期首（次期・再振替仕訳）

（借）前受家賃　×××　（貸）受取家賃　×××

〈再振替の勘定記入〉

受取家賃

	再振替額

前受家賃

再振替額	前期繰越額

例題18−1

次の仕訳を行いなさい。なお，決算日は3月31日である。

① 保険料￥4,800は，当期の7月1日に1年分を支払ったものであり，決算において，前払分について適切な処理を行う。なお，決算日は3月31日である。

② 受取家賃￥3,600は，所有する建物の一部賃貸によるもので，当期の12月1日に半年分を受け取ったものであり，未経過分について適切な処理を行う。

③ 新年度の開始にあたって，前払保険料について，再振替えの処理を行った。

④ 新年度の開始にあたって，前受家賃について，再振替えの処理を行った。

解答

	借　方	金　額	貸　方	金　額
①	前払保険料	1,200	保険料	1,200
②	受取家賃	1,200	前受家賃	1,200
③	保険料	1,200	前払家賃	1,200
④	前受家賃	1,200	受取家賃	1,200

前払保険料：4,800×3ヵ月／12ヵ月＝1,200
前受家賃　：3,600×2ヵ月／6ヵ月＝1,200

3．収益・費用の未収と未払い

ここでは，１．の②に関する修正につづいて，（1）費用の未払い，（2）収益の未収，および（3）再振替仕訳の３つ視点から説明を行う。

（1）費用の未払い

当期において，すでに費用として発生しているが，契約等により実際にはまだ支払っていない場合は，該当する金額を当期の費用として計上しなければならない。

このような実際にはまだ支払っていないため未計上となっている費用は，当期の費用に計上するとともに，**未払費用勘定**（負債）の貸方に記入することになる。

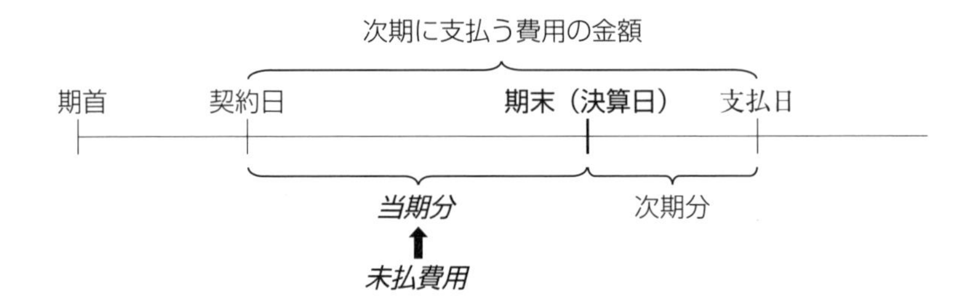

もし，支払家賃のケースであれば，次のような仕訳処理を行う。

（借）	支払家賃	×××	（貸）	未払家賃 （未払費用）	×××

支払家賃

当期の支払額	
未払分	

未払家賃

	未払分

(2) 収益の未収

当期において，すでに収益として発生しているが，契約等により実際にはまだ受け取っていない場合は，該当する金額を当期の収益として計上しなければならない。

このような実際にはまだ受け取っていないため未計上となっている収益は，当期の収益に計上するとともに，**未収収益勘定**（資産）の借方に記入することになる。

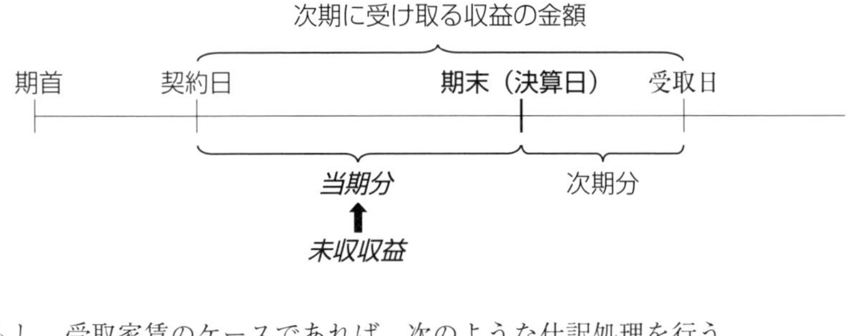

もし，受取家賃のケースであれば，次のような仕訳処理を行う。

（借）	未 収 家 賃 （未収収益）	×××	（貸）	受 取 家 賃	×××

(3) 再振替仕訳

決算整理仕訳で「未収・未払い」を計上するが，これらの経過勘定（未収・未払い）は，「前払い・前受け」と同様に，次期を迎えると期首の時点で必ず逆仕訳を行う。この仕訳は前述のとおり再振替仕訳という。たとえば支払家賃（費用）が未払いであれば，次期において前期分を含めて支払うことになるため，支払家賃（費用）が過剰に計上されてしまう。したがって，再振替仕訳を行うことにより，費用が前もって減額されることになる。また，未払家賃（負債）は，次期において，支払われるため，もはや次期の負債ではない。

支払家賃および受取家賃のケースでは，次のような仕訳処理を行う。なお，ここでは，決算が行われる年度を当期，再振替仕訳が行われる年度を次期として例示している。

〈仕訳：支払家賃〉

期末（当期・決算整理仕訳）

（借）	支 払 家 賃	×××	（貸）	未 払 家 賃	×××

期首（次期・再振替仕訳）

（借）	未 払 家 賃	×××	（貸）	支 払 家 賃	×××

〈再振替えの勘定記入〉

支 払 家 賃

事前に費用を減額 →	再振替額

未 払 家 賃

再振替額	前期繰越額

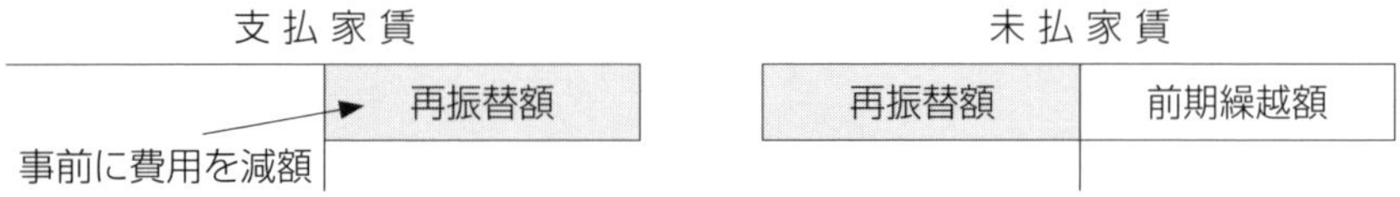

〈仕訳：受取家賃〉

期末（当期・決算整理仕訳）

（借）	未 収 家 賃	×××	（貸）	受 取 家 賃	×××

期首（次期・再振替仕訳）

（借）	受 取 家 賃	×××	（貸）	未 収 家 賃	×××

〈再振替えの勘定記入〉

受 取 家 賃

再振替額	← 事前に収益を減額

未 収 家 賃

前期繰越額	再振替額

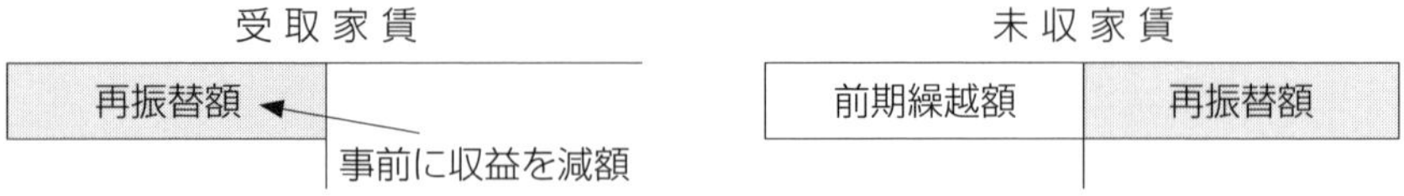

例題18－2

次の仕訳を行いなさい。なお，決算日は３月31日である。

① 借入金￥80,000は，当期の６月１日に期間１年，年利率３％の条件で借り入れたもので，利息は11月末と５月末に６カ月分をまとめて支払うことになっている。なお，利息の計算は月割り計算による。

② 当期の６月１日に土地の賃貸契約（期間１年，年額￥120,000）を結び，受取りは契約期間満了時に，まとめて現金で受け取ることになっている。

③ 新年度の開始にあたって，未払利息について，再振替えの処理を行った。

④ 新年度の開始にあたって，未収地代について，再振替えの処理を行った。

解　答

	借　　方	金　額	貸　　方	金　額
①	支払利息	800	未払利息	800
②	未収地代	100,000	受取地代	100,000
③	未払利息	800	支払利息	800
④	受取地代	100,000	未収地代	100,000

未払地代：80,000×0.03×4カ月／12カ月＝800

未収地代：120,000×10カ月／12カ月＝100,000

４．貯蔵品の処理

ハガキ代や郵便切手代などは，購入時に「通信費」，収入印紙は「租税公課」として処理するが，未消費分については決算において**貯蔵品勘定**（資産）に振り替えて次期に繰り越す処理を行う。なお，貯蔵品に振り替えた通信費や租税公課についても，翌期の期首に再振替仕訳を行う。

通　信　費	
当期の支払額	切手の未使用額

貯　蔵　品	
切手の未使用額	

例題18−3

① 2月1日に通信用の¥84切手10枚を現金で購入した。
② 決算において，未使用の切手が5枚残っていた。
③ 2月10に収入印紙¥800を現金で購入した。
④ 決算において，上記収入印紙は未使用のまま残っていた。

解　答

	借　　方	金　額	貸　　方	金　額
①	通　信　費	840	現　　　金	840
②	貯　蔵　品	420	通　信　費	420
③	租税公課	800	現　　　金	800
④	貯　蔵　品	800	租税公課	800

【練習問題】

1．次の取引について仕訳し，受取利息および未収利息の各勘定の記入を行いなさい。

12/31　決算日につき，2カ月分の未収利息¥4,000を見越し計上した。また，受取利息勘定の残高を損益勘定に振り替え，各勘定を締め切った。

1/ 1　未収利息¥4,000を受取利息に振り戻した。

4/30　定期預金の6カ月分の利息¥12,000を受け取った（当座振込み）。

	借方科目	金　　額	貸方科目	金　　額
12/31				
1/ 1				
4/30				

受取利息

	諸　口 6,000

未収利息

2. 次の取引について仕訳し，給料および未払給料の各勘定の記入を行いなさい。

12/31 決算日につき，12月16日から31日分の未払給料 ¥50,000を見越し計上した。また，給料勘定の残高を損益勘定に振り替え，各勘定を締め切った。

1/ 1 未払給料 ¥50,000を給料に振り戻した。

1/15 従業員に1月分の給料 ¥104,000を支払った（当座引落し）。

	借方科目	金額	貸方科目	金額
12/31				
1/ 1				
1/15				

給料

諸　口 836,000	

未払給料

3. 次の取引について仕訳し，受取地代および前受地代の各勘定の記入を行いなさい。

10/ 1 駐車場を賃貸し，向こう1年分の地代 ¥192,000を現金で受け取った。

12/31 決算日につき，9カ月分の前受地代 ¥144,000を繰り延べた。また，受取地代勘定の残高を損益勘定に振り替え，各勘定を締め切った。

1/ 1 前受地代 ¥144,000を受取地代に振り戻した。

	借方科目	金額	貸方科目	金額
10/ 1				
12/31				
1/ 1				

受取地代

前受地代

4. 次の取引について仕訳し，保険料および前払保険料の各勘定の記入を行いなさい。

8/ 1　営業用車両の保険料の向こう1年分 ¥96,000を現金で一括払いした。

12/31　決算日につき，7カ月分の前払保険料 ¥56,000を繰り延べた。また，保険料勘定の残高を損益勘定に振り替え，各勘定を締め切った。

1/ 1　前払保険料 ¥56,000を支払保険料に振り戻した。

	借方科目	金額	貸方科目	金額
8/ 1				
12/31				
1/ 1				

保険料

前払保険料

5. 次の取引について仕訳をし，貯蔵品勘定と租税公課勘定に記入して締め切りなさい。

3/31　決算に際し，収入印紙の未使用高 ¥6,500を貯蔵品勘定に振り替えた。また，収入印紙の当期使用額を損益勘定に振り替えた。

4/ 1　前期から繰り越した貯蔵品について，再振替えを行った。

	借方科目	金額	貸方科目	金額
3/31				
4/ 1				

貯蔵品

租税公課

（買入高）62,5000	

第19章

決　算　Ⅳ

—財務諸表の作成—

これまで決算整理について学習をしてきた。ここでは，決算整理事項を加味した財務諸表（損益計算書・貸借対照表）の作成を行う。また，財務諸表の作成に特に関わりが深い，試算表，棚卸表および精算表についても学習する。

まず，決算の流れを再度確認しておく。期中取引に次いで決算の流れは，下図のとおりである。

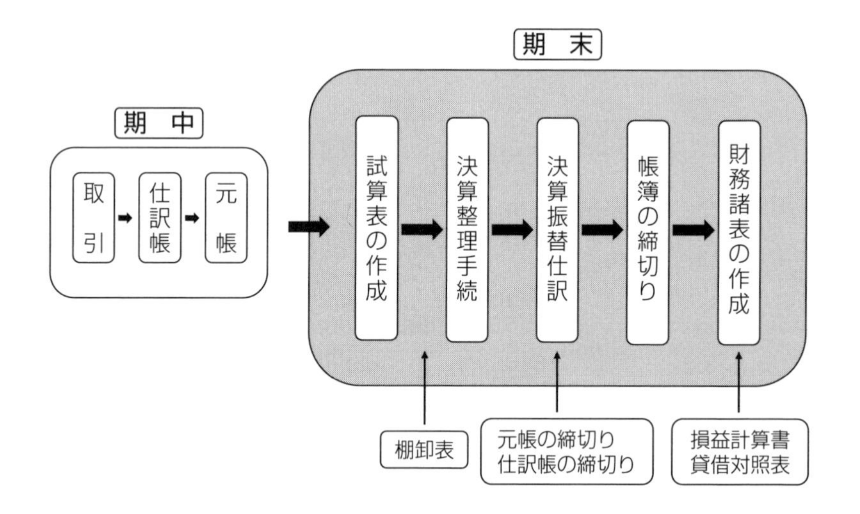

以下では，試算表，棚卸表，精算表，損益計算書，貸借対照表の順に説明を行う。

1. 試算表

試算表の基本的な仕組みについては，第7章で学習した。ここでは，その後に学んだ期中取引の会計処理を加味した試算表の作成について，例題を解くことによって学習を進める。以下の棚卸表，精算表，損益計算書，および貸借対照表も同じ形式で進める。

例題19－1

次に示す福岡商会の前期末貸借対照表と，資料（期中取引）に基づき，期中取引の仕訳および期末時点の合計残高試算表を作成しなさい。

〈福岡商会の前期末貸借対照表〉

貸借対照表

福岡商会　　　令和○年3月31日

資産	金額	負債および純資産	金額
現金	261,000	支払手形	310,000
当座預金	401,000	買掛金	324,000
受取手形	170,000	借入金	280,000
売掛金	230,000	貸倒引当金	8,000
商品	200,000	備品減価償却累計額	180,000
備品	400,000	資本金	400,000
		繰越利益剰余金	160,000
	1,662,000		1,662,000

資料（期中取引）

（1）補助簿に記入されている取引

① 現金出納帳

（収入）		（支出）	
・商品の売上高	¥360,000	・商品の仕入高	¥100,000
・売掛金の回収高	¥160,000	・給料の支払高	¥124,000
・当座預金からの引出高	¥60,000	・広告宣伝費の支払高	¥36,000
		・備品の購入高	¥80,000

②　当座預金出納帳

（収入）		（支出）	
・売掛金の回収高	¥360,000	・買掛金の支払高	¥192,000
・受取手形の取立高	¥210,000	・支払手形の決済高	¥160,000
		・借入金の元利支払高	¥123,000
		（うち利息分	¥3,000）
		・商品の仕入高	¥140,000
		・家賃の支払高	¥60,000
		・現金の引出高	¥60,000

③　仕入帳

・現金による仕入高　¥100,000
・小切手振出しによる仕入高　¥140,000
・掛けによる仕入高　¥568,000
・約束手形の振出しによる仕入高　¥176,000

④　売上帳

・商品の現金による売上高　¥360,000
・商品の掛けによる売上高　¥730,000
・手形の受入れによる売上高　¥220,000

⑤　支払手形記入帳

・買掛金の支払高　¥146,000
・商品の仕入高　¥176,000

⑥　受取手形記入帳

・売掛金の回収額　¥120,000
・商品の売上高　¥220,000

（2）その他の取引（補助簿に記入されていない取引）

①　株主からの備品による出資高　¥100,000
②　売掛金の貸倒高　¥6,000

合計残高試算表
令和○年３月31日

借方残高	借方合計	勘定科目	貸方合計	貸方残高
		現金		
		当座預金		
		受取手形		
		売掛金		
		繰越商品		
		備品		
		支払手形		
		買掛金		
		借入金		
		貸倒引当金		
		備品減価償却累計額		
		資本金		
		繰越利益剰余金		
		売上		
		仕入		
		給料		
		支払家賃		
		広告宣伝費		
		支払利息		

解　説

① 期中取引の仕訳を行って，前期末の貸借対照表の金額と合算し，合計残高試算表を完成させる。

② 複数の帳簿に記されている取引があるので，二重計算にならないように注意し作成する。したがって，二重計算を避けるために，仕訳の際にチェックマーク（✓）などの印を付しておくとよい。

③ 二重計算は，１つの取引が２つの補助簿にまたがって記録・整理されているために生じる集計ミスである。たとえば，現金で商品を仕入れた場合は，①現金出納帳と③仕入帳に記録されている。いずれかの記録は集計から外さなければならない。この例題の場合は，そのような取引が６つある。

〈二重に記録されている取引の仕訳（次に示す仕訳の解答を参照）〉

①④ 現　　金　360,000 ／ 売　　上　360,000
①② 現　　金　 60,000 ／ 当座預金　 60,000
①③ 仕　　入　100,000 ／ 現　　金　100,000
②③ 仕　　入　140,000 ／ 当座預金　140,000
③⑤ 仕　　入　176,000 ／ 支払手形　176,000
④⑥ 受取手形　220,000 ／ 売　　上　220,000

解答

(1) 補助簿に記入されている取引の仕訳

	借方		金額	貸方		金額
①	現金		580,000	売上	✓	360,000
				売掛金		160,000
				当座預金	✓	60,000
	仕入	✓	100,000	現金		340,000
	給料		124,000			
	広告宣伝費		36,000			
	備品		80,000			
②	当座預金		570,000	売掛金		360,000
				受取手形		210,000
	買掛金		192,000	当座預金		735,000
	支払手形		160,000			
	借入金		120,000			
	支払利息		3,000			
	仕入	✓	140,000			
	支払家賃		60,000			
	現金	✓	60,000			
③	仕入		984,000	現金	✓	100,000
				当座預金	✓	140,000
				買掛金		568,000
				支払手形	✓	176,000
④	現金	✓	360,000	売上		1,310,000
	売掛金		730,000			
	受取手形	✓	220,000			
⑤	買掛金		146,000	支払手形		322,000
	仕入	✓	176,000			
⑥	受取手形		340,000	売掛金		120,000
				売上	✓	220,000

※ チェックマーク（✓）が付されている勘定科目は，集計しない。

（2）その他の取引の仕訳

①	備　　　　品	100,000	資　本　金	100,000
②	貸倒引当金	6,000	売　掛　金	6,000

合計残高試算表
令和○年3月31日

借方残高	借方合計	勘定科目	貸方合計	貸方残高
501,000	841,000	現　　　金	340,000	
236,000	971,000	当座預金	735,000	
300,000	510,000	受取手形	210,000	
314,000	960,000	売　掛　金	646,000	
200,000	200,000	繰越商品		
580,000	580,000	備　　　品		
	160,000	支払手形	632,000	472,000
	338,000	買　掛　金	892,000	554,000
	120,000	借　入　金	280,000	160,000
	6,000	貸倒引当金	8,000	2,000
		備品減価償却累計額	180,000	180,000
		資　本　金	500,000	500,000
		繰越利益剰余金	160,000	160,000
		売　　　上	1,310,000	1,310,000
984,000	984,000	仕　　　入		
124,000	124,000	給　　　料		
60,000	60,000	支払家賃		
36,000	36,000	広告宣伝費		
3,000	3,000	支払利息		
3,338,000	5,893,000		5,893,000	3,338,000

2. 棚卸表

試算表の作成が済んだら，次に決算整理手続へと進む。決算で行う作業は，期中取引をそのまま引き継ぐが，修正や整理を行わずに進めることはできない。つまり，決算整理なしでは，正しい財政状態や経営成績を表す財務諸表の作成はできないということである。

したがって，決算整理手続を行い，**決算整理前残高試算表**を修正（整理）する。そうして新たに作られた試算表のことを**決算整理後残高試算表**という。

また，決算整理手続を行うためには，次のような**棚卸表**を作成する。

なお，本書で取り扱う決算整理事項については，第17章で示している。ただし，ここで示す棚卸表には，それらすべての決算整理事項を記してはいない。

棚　卸　表

令和○年３月31日

決算整理事項	摘　要	内　訳	金　額
繰越商品	A商品　○○個　@¥ ×××	×××	
	B商品　○○個　@¥ ×××	×××	×××
貸倒引当金繰入	受取手形期末残高	×××	
	貸倒引当金　○％計上	×××	×××
備　品	取得原価	×××	
	減価償却累計額	×××	
	当期減価償却費	×××	×××
前払家賃	家賃の前払分　○カ月		×××
未払利息	借入金　×××　利率○％　未払分○カ月		×××
			×××

例題19－2

以下に示す決算整理前残高試算表と棚卸表（摘要欄・内訳欄は省略）に基づいて，（1）決算整理仕訳を行い，（2）決算整理後残高試算表を完成させなさい。

決算整理前残高試算表
令和○年３月31日

借方残高	勘定科目	貸方残高
501,000	現金	
236,000	当座預金	
300,000	受取手形	
314,000	売掛金	
200,000	繰越商品	
580,000	備品	
	支払手形	472,000
	買掛金	554,000
	借入金	160,000
	貸倒引当金	2,000
	備品減価償却累計額	180,000
	資本金	500,000
	繰越利益剰余金	160,000
	売上	1,310,000
984,000	仕入	
124,000	給料	
60,000	支払家賃	
36,000	広告宣伝費	
3,000	支払利息	
3,338,000		3,338,000

棚卸表
令和○年3月31日

決算整理事項	金額
繰越商品	220,000
貸倒引当金繰入	10,280
備品減価償却費	58,000
前払家賃	10,000
未払利息	1,800
	300,080

決算整理後残高試算表
令和○年３月31日

借方残高	勘定科目	貸方残高
501,000	現　　金	
236,000	当座預金	
300,000	受取手形	
314,000	売　掛　金	
(　　　)	繰越商品	
580,000	備　　品	
	支払手形	472,000
	買　掛　金	554,000
	借　入　金	160,000
	貸倒引当金	(　　　)
	備品減価償却累計額	(　　　)
	資　本　金	500,000
	繰越利益剰余金	160,000
	売　　上	1,310,000
(　　　)	仕　　入	
124,000	給　　料	
(　　　)	支払家賃	
36,000	広告宣伝費	
(　　　)	支払利息	
(　　　)	(　　　)	
(　　　)	(　　　)	
(　　　)	(　　　)	
	(　　　)	(　　　)
(　　　)		(　　　)

解説１（ヒント）

この例題の決算整理後残高試算表は，棚卸表に基づき整理することで，金額が修正される箇所，および新たな勘定科目として追加される箇所が空欄になっている。

解　答

〈決算整理仕訳〉

	借　方	金　額	貸　方	金　額
①	仕入	200,000	繰越商品	200,000
	繰越商品	220,000	仕入	220,000
②	貸倒引当金繰入	10,280	貸倒引当金	10,280
③	減価償却費	58,000	備品減価償却累計額	58,000
④	前払家賃	10,000	支払家賃	10,000
⑤	支払利息	1,800	未払利息	1,800

決算整理後残高試算表
令和○年３月31日

借方残高	勘　定　科　目	貸方残高
501,000	現金	
236,000	当座預金	
300,000	受取手形	
314,000	売掛金	
220,000	繰越商品	
580,000	備品	
	支払手形	472,000
	買掛金	554,000
	借入金	160,000
	貸倒引当金	12,280
	備品減価償却累計額	238,000
	資本金	500,000
	繰越利益剰余金	160,000
	売上	1,310,000
964,000	仕入	
124,000	給料	
50,000	支払家賃	
36,000	広告宣伝費	
4,800	支払利息	
10,280	貸倒引当金繰入	
58,000	減価償却費	
10,000	前払家賃	
	未払利息	1,800
3,408,080		3,408,080

解説２（解き方）

　まずは，棚卸表の内容から，仕訳を行う。棚卸表には貸倒引当金繰入や減価償却費の金額など，仕訳で用いられる金額がすでに計算されている。したがって，棚卸表が作成されている場合は，簡単に仕訳を行うことができる。

　次に，資料として与えられている決算整理前残高試算表に，修正仕訳の金額を書き加えるとよい。以下のとおりである。

決算整理前残高試算表
令和○年３月31日

	借方残高	勘定科目	貸方残高	
	501,000	現金		
	236,000	当座預金		
	300,000	受取手形		
	314,000	売掛金		
+220,000	200,000	繰越商品	200,000	
	580,000	備品		
		支払手形	472,000	
		買掛金	554,000	
		借入金	160,000	
		貸倒引当金	2,000	+10,280
		備品減価償却累計額	180,000	+58,000
		資本金	500,000	
		繰越利益剰余金	160,000	
		売上	1,310,000	
+200,000	984,000	仕入	220,000	
	124,000	給料		
	60,000	支払家賃	10,000	
	36,000	広告宣伝費		
+1,800	3,000	支払利息		
	3,338,000		3,338,000	

　また，元帳勘定残高にはない勘定科目がある。すなわち期中取引にはない決算整理仕訳のみで使用される勘定科目がある。これらは，上記の修正を行う際に，以下のＴホームを作成して，記入しておくとよい。

貸倒引当金繰入	10,280	未払利息	1,800
減価償却費	58,000		
前払家賃	10,000		

3．精算表の作成

第７章では，６桁精算表を学習した。ここでは，**8桁精算表**を学習する。２桁増えた理由は，決算整理仕訳を記入する列が２桁（借方・貸方）追加されるからである。つまり決算整理手続を反映させるためである。この追加された列のことを**修正記入欄**（または**整理記入欄**）という。

精算表の形式は以下のとおりである。表中のゴシック体（太字）の部分が，新たに追加されている列である。

精　　算　　表

勘定科目	残高試算表		**整理記入**		損益計算書		貸借対照表	
	借方	貸方	**借方**	**貸方**	借方	貸方	借方	貸方

例題19－3

次の決算整理事項に基づいて，精算表を作成しなさい。ただし，会計期間は令和Ｘ１年４月１日からＸ２年３月31日までの１年間である。

決算整理事項

① 期末商品棚卸高は￥220,000であった。売上原価は「仕入」の行で計算する。

② 受取手形と売掛金の期末残高に対して２％の貸倒れを見積もる。差額補充法による。

③ 備品について残存価額ゼロ，耐用年数10年として定額法により，減価償却を行う。

④ 支払家賃は６月１日に向こう１年分の家賃を一括払いしている。前払分を次期に繰り延べる。

⑤ 借入金は１月４日に期間１年，利率年4.5％の条件で借り入れたものである。利息は元金の返済時に支払うことになっている。利息の未払分を月割り計算で

行う。

精 算 表

勘定科目	残高試算表		整理記入		損益計算書		貸借対照表	
	借方	貸方	借方	貸方	借方	貸方	借方	貸方
現金	501,000							
当座預金	236,000							
受取手形	300,000							
売掛金	314,000							
繰越商品	200,000							
備品	580,000							
支払手形		472,000						
買掛金		554,000						
借入金		160,000						
貸倒引当金		2,000						
減価償却累計額		180,000						
資本金		500,000						
繰越利益剰余金		160,000						
売上		1,310,000						
仕入	984,000							
給料	124,000							
支払家賃	60,000							
広告宣伝費	36,000							
支払利息	3,000							
	3,338,000	3,338,000						
貸倒引当金繰入								
減価償却費								
前払家賃								
未払利息								

解　答

〈決算整理仕訳〉

	借　　方	金　額	貸　　方	金　額
①	仕　　入	200,000	繰越商品	200,000
	繰越商品	220,000	仕　　入	220,000
②	貸倒引当金繰入	10,280	貸倒引当金	10,280
③	減価償却費	58,000	備品減価償却累計額	58,000
④	前払家賃	10,000	支払家賃	10,000
⑤	支払利息	1,800	未払利息	1,800

② 貸倒れの計算：　（受取手形）300,000×0.02＝6,000

（売 掛 金）314,000×0.02＝6,280

（当期繰入額）6,000＋6,280－2,000＝10,280

③ 減価償却の計算：580,000÷10年＝58,000

④ 前払家賃の計算：60,000×２カ月／12カ月＝10,000

⑤ 未払利息の計算：160,000×0.045×３カ月／12カ月＝1,800

解説1（第1ステップ）

解説を３つの段階に分けて行う。まずは第１ステップから始める。

決算整理仕訳で修正した各勘定科目の金額を，精算表の整理記入欄に記入する。

借方の修正であれば，該当する勘定科目の行の借方に修正金額を記入する。同じく貸方の修正であれば貸方に記入する。

なお，精算表の勘定科目欄の下から４項目は，決算整理の時点で新たに設けられる科目である。つまり期中取引にはない勘定科目である。

解　答1　(第1ステップ)

精　算　表

勘定科目	残高試算表		整理記入		損益計算書		貸借対照表	
	借　方	貸　方	借　方	貸　方	借　方	貸　方	借　方	貸　方
現　　　　金	501,000							
当　座　預　金	236,000							
受　取　手　形	300,000							
売　　掛　　金	314,000							
繰　越　商　品	200,000		220,000	200,000				
備　　　　品	580,000							
支　払　手　形		472,000						
買　　掛　　金		554,000						
借　　入　　金		160,000						
貸倒引当金		2,000		10,280				
減価償却累計額		180,000		58,000				
資　　本　　金		500,000						
繰越利益剰余金		160,000						
売　　　　上		1,310,000						
仕　　　　入	984,000		200,000	220,000				
給　　　　料	124,000							
支　払　家　賃	60,000			10,000				
広　告　宣　伝　費	36,000							
支　払　利　息	3,000		1,800					
	3,338,000	3,338,000						
貸倒引当金繰入			10,280					
減　価　償　却　費			58,000					
前　払　家　賃			10,000					
未　払　利　息				1,800				
			500,080	500,080				

解説2(第2ステップ)

次のステップは，各勘定科目の数字（残高試算表の金額）を貸借対照表欄と損益計算書欄にスライドさせる。

ただし，ここで注意が必要である。整理記入欄に記入されている修正額を加減しなければならない。

加減は，残高試算表欄の借方金額と修正記入欄の借方金額は同じ借方なので加算し，逆に修正記入欄の貸方金額は減算する。同様に，残高試算表欄の貸方金額と修正記入欄の貸方金額は同じ貸方なので加算し，逆に修正記入欄の借方金額は減算する。

整理記入欄に修正金額が記入されている箇所の一部を抜粋して計算過程と解答を記す。

解　答2（第2ステップ）

精　算　表

勘定科目	残高試算表		整理記入		損益計算書		貸借対照表	
	借　方	貸　方	借　方	貸　方	借　方	貸　方	借　方	貸　方
現金	501,000							
当座預金	236,000							
受取手形	300,000							
売掛金	314,000							
繰越商品	200,000		220,000	200,000			220,000	
備品	580,000							
支払手形		472,000						
買掛金		554,000						
借入金		160,000						
貸倒引当金		2,000		10,280				12,280
減価償却累計額		180,000		58,000				238,000
資本金		500,000						
繰越利益剰余金		160,000						
売上		1,310,000						
仕入	984,000		200,000	220,000	964,000			
給料	124,000							
支払家賃	60,000			10,000				
広告宣伝費	36,000							
支払利息	3,000		1,800					
	3,338,000	3,338,000						
貸倒引当金繰入			10,280					
減価償却費			58,000					
前払家賃			10,000					
未払利息				1,800				
			500,080	500,080				

200,000 + 220,000 − 200,000 = 220,000

2,000 + 10,280 = 12,280

180,000 + 58,000 = 238,000

984,000 + 200,000 − 220,000 = 964,000

解説3（第3ステップ）

すべての勘定科目について，貸借対照表欄と損益計算書欄に金額をスライドさせる。また，整理記入欄のみに記載されている金額（決算で新たに設けられた科目）については，貸借対照表科目か，損益計算書科目かを判断し，それぞれ該当する欄へスライドさせる。

そして，貸借対照表欄と損益計算書欄のそれぞれで貸借差額を計算し，当期純損益を算出する。

解　答3（ステップ3：完成版）

精　算　表

勘定科目	残高試算表		整理記入		損益計算書		貸借対照表	
	借　方	貸　方	借　方	貸　方	借　方	貸　方	借　方	貸　方
現　　　金	501,000						501,000	
当 座 預 金	236,000						236,000	
受 取 手 形	300,000						300,000	
売　掛　金	314,000						314,000	
繰 越 商 品	200,000		220,000	200,000			220,000	
備　　　品	580,000						580,000	
支 払 手 形		472,000						472,000
買　掛　金		554,000						554,000
借　入　金		160,000						160,000
貸倒引当金		2,000		10,280				12,280
減価償却累計額		180,000		58,000				238,000
資　本　金		500,000						500,000
繰越利益剰余金		160,000						160,000
売　　　上		1,310,000				1,310,000		
仕　　　入	984,000		200,000	220,000	964,000			
給　　　料	124,000				124,000			
支 払 家 賃	60,000			10,000	50,000			
広告宣伝費	36,000				36,000			
支 払 利 息	3,000		1,800		4,800			
	3,338,000	3,338,000						
貸倒引当金繰入			10,280		10,280			
減価償却費			58,000		58,000			
前 払 家 賃			10,000				10,000	
未 払 利 息				1,800				1,800
当期純利益					**62,920**			62,920
			500,080	500,080	1,310,000	1,310,000	2,161,000	2,161,000

4．損益計算書と貸借対照表の作成

基本的な貸借対照表および損益計算書の作成については，第２章と第３章で学習した。そこでは決算整理事項は加味されていなかった。ここでは，決算時点の元帳勘定残高（または残高試算表）から決算整理仕訳を行い，貸借対照表と損益計算表を作成する流れについて，学習する。

（1）損益計算書の表示科目

基本的に損益計算書は，損益勘定を基に作成されるが，損益勘定に記載されている勘定科目とは異なる名称で表示される項目がある。次の項目である。

①　損益勘定の「仕入」は，損益計算書では「売上原価」として表示される。

②　損益勘定の「売上」は，損益計算書では「売上高」として表示される。

（2）貸借対照表の表示科目と表示形式

基本的に貸借対照表は繰越試算表を基に作成されるが，特定の項目については，特殊な形式や表示が用いられている。次のとおりである。

①「繰越商品」は，貸借対照表では「商品」として表示される。

②　受取手形や売掛金に対する貸倒引当金，および備品や建物に対する減価償却累計額は，負債であるが借方側に記載され，それぞれの資産から控除する形式で表示される。

③　貸借対照表の当期純利益は，繰越利益剰余金に含めて，繰越利益剰余金として表示される。

④　未収・未払い・前受け・前払いの収益および費用は，それぞれ，未収収益，未払費用，前受収益，前払費用として，表示する。たとえば，前払いの保険料であれば，仕訳では前払保険料とするが，貸借対照表の表示では，保険料は費用なので，前払費用として表示する。また，前払保険料と前払家賃があるなど同一の経過勘定科目がある場合は，金額を合計して１つの表示科目として計上する。

例題19－4

福岡商会（会計期間は令和X1年4月1日から令和X2年3月31日，決算年1回）の決算整理前の元帳勘定残高に基づき，決算整理仕訳を行い，損益計算書と貸借対照表を作成しなさい。なお，決算整理事項は例題19－3と同じとする。

〈決算整理前の元帳勘定残高〉

現　　金	¥501,000	当座預金	¥236,000	受取手形	¥300,000
売 掛 金	314,000	繰越商品	200,000	備　　品	580,000
支払手形	472,000	買 掛 金	554,000	借 入 金	160,000
貸倒引当金	2,000	備品減価償却累計額	180,000	資 本 金	500,000
繰越利益剰余金	160,000	売　　上	1,310,000	仕　　入	984,000
給　　料	124,000	支払家賃	60,000	広告宣伝費	36,000
支払利息	3,000				

解　答

〈決算整理仕訳〉

	借　　方	金　額	貸　　方	金　額
①	仕　　入	200,000	繰越商品	200,000
	繰越商品	220,000	仕　　入	220,000
②	貸倒引当金繰入	10,280	貸倒引当金	10,280
③	減価償却費	58,000	備品減価償却累計額	58,000
④	前払家賃	10,000	支払家賃	10,000
⑤	支払利息	1,800	未払利息	1,800

損益計算書

福岡商会　　令和X1年4月1日から令和X2年3月31日まで

費用	金額	収益	金額
売上原価	964,000	売上高	1,310,000
給料	124,000		
支払家賃	50,000		
広告宣伝費	36,000		
支払利息	4,800		
貸倒引当金繰入	10,280		
減価償却費	58,000		
当期純利益	62,920		
	1,310,000		1,310,000

貸借対照表

福岡商会　　令和X2年3月31日

資産		金額	負債および純資産	金額
現金		501,000	支払手形	472,000
当座預金		236,000	買掛金	554,000
受取手形	300,000		借入金	160,000
貸倒引当金	6,000	294,000	未払費用	1,800
売掛金	314,000		資本金	500,000
貸倒引当金	6,280	307,720	繰越利益剰余金	222,920
商品		220,000		
前払費用		10,000		
備品	580,000			
減価償却累計額	238,000	342,000		
		1,910,720		1,910,720

解説（解き方）

精算表には整理記入欄が設けられており，決算整理仕訳による修正金額を整理記入欄に記入し，加減することで，損益計算書と貸借対照表を作成することができた。しかし，この例題では，元帳勘定残高（残高試算表）を基に，決算整理仕訳を行い，直接的に損益計算書と貸借対照表を作成しなければならない。

したがって，総勘定元帳の勘定残高に次の修正を加えるとよい。

現金	¥501,000	当座預金	¥236,000	受取手形	¥300,000
			−200,000　+220,000		
売掛金	314,000	繰越商品	200,000	備品	580,000
支払手形	472,000	買掛金	554,000	借入金	160,000
	+10,280		+58,000		
貸倒引当金	2,000	備品減価償却累計額	180,000	資本金	500,000
					+200,000　−220,000
繰越利益剰余金	160,000	売上	1,310,000	仕入	984,000
			−10,000		
給料	124,000	支払家賃	60,000	広告宣伝費	36,000
	+1,800				
支払利息	3,000				

また，元帳勘定残高にない科目がある。すなわち期中取引にはない決算整理仕訳のみで使用される勘定科目がある。これらは，上記の修正を行う際に，以下のTホームを作成して，記入しておくとよい。

貸倒引当金繰入	10,280	未払利息	1,800
減価償却費	58,000		
前払家賃	10,000		

これまでの例題は，決算整理事項が少なかったため，次に，これまでにはなかったその他の決算整理事項を加えた例題の解答例を示しておく。

例題19−5

熊本商事株式会社（会計期間は令和X3年4月1日から令和X4年3月31日）の決算整理前残高試算表および決算整理事項に基づいて，損益計算書と貸借対照表を作成しなさい。

決算整理前残高試算表
令和X3年3月31日

借方残高	勘定科目	貸方残高
570,000	現金	
	当座預金	100,000
1,220,000	普通預金	
600,000	売掛金	
90,000	仮払法人税等	
280,000	繰越商品	
800,000	備品	
1,000,000	建物	
400,000	土地	
	買掛金	600,000
	社会保険料預り金	30,000
	貸倒引当金	10,000
	備品減価償却累計額	240,000
	建物減価償却累計額	200,000
	資本金	1,200,000
	繰越利益剰余金	200,000
	売上	6,400,000
	受取手数料	130,000
2,020,000	仕入	
1,200,000	給料	
500,000	広告宣伝費	
54,000	保険料	
116,000	水道光熱費	
260,000	法定福利費	
9,110,000		9,110,000

〈決算整理事項〉

① 現金の実際有高は￥548,000であった。帳簿残高との差額は￥20,000が水道光熱費の記帳漏れであることが判明した。残額については原因不明のため適切に処理することにした。

② 当座預金の貸方残高の金額を借入金勘定へ振り替える。なお，取引銀行

との間に¥2,000,000を限度とする当座借越契約を結んでいる。

③ 売掛金¥120,000が普通預金口座に振り込まれていたが，未記帳であった。

④ 売掛金の期末残高に対して3％の貸倒れを見積もる。貸倒引当金の設定は差額補充法による。

⑤ 期末商品棚卸高は¥560,000であった。

⑥ 固定資産（備品・建物）について次のとおり減価償却を行う。

備品：定額法（残存価額ゼロ，耐用年数5年）

建物：定額法（残存価額ゼロ，耐用年数20年）

⑦ 保険料は，当期11月1日に向こう1年分を支払ったものである。前払分を月割り計上する。

⑧ 手数料の未収分が¥22,000ある。

⑨ 法定福利費の未払分が¥28,000ある。

⑩ 法人税等が¥200,000と計算されたため，仮払法人税等との差額を未払法人税等として計上する。

解答

	借方	金額	貸方	金額
①	水道光熱費	20,000	現金	22,000
	雑損	2,000		
②	当座預金	100,000	借入金	100,000
③	普通預金	120,000	売掛金	120,000
④	貸倒引当金繰入	4,400	貸倒引当金	4,400
⑤	仕入	280,000	繰越商品	280,000
	繰越商品	560,000	仕入	560,000
⑥	減価償却費	210,000	備品減価償却累計額	160,000
			建物減価償却累計額	50,000
⑦	前払保険料	31,500	保険料	31,500
⑧	未収手数料	22,000	受取手数料	22,000
⑨	法定福利費	28,000	未払法定福利費	28,000
⑩	法人税等	200,000	仮払法人税等	90,000
			未払法人税等	110,000

④　(600,000 − 120,000) × 0.03 = 14,400

14,400 − 10,000 = 4,400

⑥　(備品) 800,000 ÷ 5 年 = 160,000

(建物) 1,000,000 ÷ 20年 = 50,000

⑦　54,000 × 7 カ月／12カ月 = 31,500

損益計算書

熊本商事株式会社　　令和 X3年 4 月 1 日から令和 X4年 3 月31日まで

費用	金額	収益	金額
売上原価	1,740,000	売上高	6,400,000
給料	1,200,000	受取手数料	152,000
広告宣伝費	500,000		
保険料	22,500		
水道光熱費	136,000		
法定福利費	288,000		
貸倒引当金繰入	4,400		
減価償却費	210,000		
雑損	2,000		
法人税等	200,000		
当期純利益	2,249,100		
	6,552,000		6,552,000

貸借対照表

熊本商事株式会社　　　　令和X4年3月31日

資産		金額	負債および純資産	金額
現金		548,000	買掛金	600,000
普通預金		1,340,000	社会保険料預り金	30,000
売掛金	480,000		借入金	100,000
貸倒引当金	14,400	465,600	未払費用	28,000
商品		560,000	未払法人税等	110,000
前払費用		31,500	資本金	1,200,000
未収収益		22,000	繰越利益剰余金	2,449,100
備品	800,000			
減価償却累計額	400,000	400,000		
建物	1,000,000			
減価償却累計額	250,000	750,000		
土地		400,000		
		4,517,100		4,517,100

解説（解き方）

決算整理前残高試算表が提示されている場合は，当該試算表に直接修正金額を記入するとよい。仕訳の借方金額は借方にプラスの記入を行い，貸方金額は貸方にプラスの記入を行う。また，元帳勘定残高にない，すなわち期中取引にはない決算整理仕訳のみで使用される勘定科目については，前述のとおり，Tホームを作成して，記入しておくとよい。

決算整理前残高試算表

令和 X3年３月31日

	借方残高	勘定科目	貸方残高	
	570,000	現金	22,000	
	100,000	当座預金	100,000	
+120,000	1,220,000	普通預金		
	600,000	売掛金	120,000	
	90,000	仮払法人税等	90,000	
	280,000	繰越商品	280,000	
	800,000	備品		
	1,000,000	建物		
	400,000	土地		
		買掛金	600,000	
		社会保険料預り金	30,000	
		貸倒引当金	10,000	+4,400
		備品減価償却累計額	240,000	+160,000
		建物減価償却累計額	200,000	+50,000
		資本金	1,200,000	
		繰越利益剰余金	200,000	
		売上	6,400,000	
		受取手数料	130,000	+22,000
+280,000	2,020,000	仕入	560,000	
	1,200,000	給料		
	500,000	広告宣伝費		
	54,000	保険料	31,500	
+20,000	116,000	水道光熱費		
+28,000	260,000	法定福利費		
	9,110,000		9,110,000	

雑損	2,000	借入金	100,000
貸倒引当金繰入	4,400	未払法定福利費	28,000
減価償却費	210,000	未払法人税等	110,000
前払保険料	31,500		
未収手数料	22,000		
法人税等	200,000		

【練習問題】

大分商会の決算整理前残高試算表および決算整理事項に基づいて決算整理仕訳を行い，損益計算書と貸借対照表を作成しなさい。

決算整理前残高試算表

令和X3年3月31日

借方残高	勘定科目	貸方残高
16,000	現金	
36,000	当座預金	
40,000	受取手形	
30,000	売掛金	
15,600	繰越商品	
800	仮払金	
20,000	備品	
16,000	差入保証金	
	支払手形	25,000
	買掛金	30,800
	所得税預り金	2,000
	借入金	50,000
	仮受金	4,000
	貸倒引当金	600
	備品減価償却累計額	4,000
	資本金	40,000
	繰越利益剰余金	12,000
	売上	78,000
	受取利息	1,600
53,000	仕入	
6,000	給料	
7,600	支払家賃	
4,000	保険料	
3,000	支払利息	
248,000		248,000

〈決算整理事項〉

① 期末商品棚卸高 ¥17,200
② 仮受金 ¥4,000は，得意先からの掛け代金の振込みであった。
③ 受取手形と売掛金に対して，２％の貸倒れを見積もる。なお，差額補充法による。
④ 備品の減価償却を残存価額ゼロ，耐用年数５年で定額法により計上する。
⑤ 仮払金 ¥800は，従業員の所得税の源泉徴収額を納めたものであった。
⑥ 受取利息の未収分が ¥160あった。
⑦ 家賃の前払いが ¥400あった。
⑧ 保険料の前払いが ¥120あった。
⑨ 給料の未払いが ¥200あった。
⑩ 税引前当期純利益の30%を法人税等として計上した。

〈決算整理仕訳〉

	借　　方	金　額	貸　　方	金　額
①				
②				
③				
④				
⑤				
⑥				
⑦				
⑧				
⑨				
⑩				

損益計算書

大分商会　　令和X3年4月1日から令和X4年3月31日まで

費用	金額	収益	金額
売上原価		売上高	
給料		受取利息	
支払家賃			
保険料			
貸倒引当金繰入			
減価償却費			
支払利息			
法人税等			
当期純利益			

貸借対照表

大分商会　　令和X4年3月31日

資産	金額	負債および純資産	金額
現金		支払手形	
当座預金		買掛金	
受取手形		借入金	
貸倒引当金		所得税預り金	
売掛金		未払法人税等	
貸倒引当金		未払費用	
商品		資本金	
前払費用		繰越利益剰余金	
未収収益			
備品			
減価償却累計額			
差入保証金			

第20章

伝票会計

これまで日々の取引は，仕訳帳に記入することを前提として学習してきた。しかし，実務では伝票を用いて取引の記入が行われることが一般的である。たとえば，売り場はたくさんあるが，事務室は1カ所しかないという状況を想定するとよくわかる。たくさんの売り場で行われたすべての取引を，事務室だけで把握するのは困難である（ただし，コンピュータが発達した今日では，状況は変わっている）。

ここでは，伝票会計制度（3伝票制）について学習する。一般的な伝票会計制度では，まず各売り場で行われた取引が伝票へ記入される。これを起票という。そして，事務室はこの伝票を集約し，集計表を作成する。そして，その集計表から総勘定元帳に転記するという流れになる。

1．3伝票制

伝票制度には，**3伝票制**と**5伝票制**とがあるが，ここでは3伝票制についてのみ学習する。5伝票制は日商簿記検定試験の出題範囲から除外されている。

（1）3伝票制の基本

3伝票制では，伝票は**入金伝票**，**出金伝票**および**振替伝票**の3つの伝票が使用される。伝票の様式は，次のとおりである。

入　金　伝　票　No.

令和　年　月　日

科目		入金	
摘　要		金　額	
合　計			

出　金　伝　票　No.

令和　年　月　日

科目		支払	
摘　要		金　額	
合　計			

振　替　伝　票

令和　年　月　日

No.

勘　定　科　目	金　額	勘　定　科　目	金　額
合　計		合　計	
摘要			

それぞれ以下のような取引が記入される伝票である。

① **入金伝票**……現金の受入れ（入金取引）を記入する伝票

② **出金伝票**……現金の支払い（出金取引）を記入する伝票

③ **振替伝票**……入金取引・出金取引以外の取引を記入する伝票

各伝票の記入例を示すと次のとおりである。①から③それぞれの仕訳例を示し，仕訳と伝票と対応させ，説明を加えている。なおこれ以降は，各伝票は簡略化して示す。

①　入金伝票の記入方法

（借）現　　　金　100,000　　（貸）売　掛　金　100,000

入金伝票 令和○年○月○日	
科　　目	金　　額
売　掛　金 （長崎商店）	100,000

入金があった場合の仕訳は，借方が必ず現金である。したがって，入金伝票の科目欄に相手科目を記入し，金額欄に入金額を記入する。また，科目欄が，売掛金や買掛金であった場合は，人名勘定を付す。

②　出金伝票の記入方法

（借）通　信　費　100,000　　（貸）現　　　金　100,000

出金伝票 令和○年○月○日	
科　　目	金　　額
通　信　費	100,000

出金があった場合の仕訳は，貸方が必ず現金である。したがって，出金伝票の科目欄に相手科目を記入し，金額欄に出金額を記入する。

③　振替伝票の記入方法

（借）買　掛　金　50,000　　（貸）支払手形　50,000

振　替　伝　票 令和○年○月○日			
借方科目	金　　額	貸方科目	金　　額
買　掛　金 （佐賀商店）	50,000	支払手形	50,000

現金取引以外のものを記入する。入金伝票や出金伝票は一方の科目が現金であると特定できるが，振替伝票は特定できない。したがって，借方科目・貸方科目をともに記入する。つまり，仕訳をそのまま記入すればよいことになる。

例題20－1

次の各伝票の記入から，取引を推定し仕訳をしなさい。

①

入金伝票 令和○年○月○日	
科　　目	金　　額
売　掛　金 （大分商店）	120,000

②

出金伝票 令和○年○月○日	
科　　目	金　　額
消 耗 品 費	20,000

③

振　替　伝　票 令和○年○月○日			
借方科目	金　　額	貸方科目	金　　額
受取手形	70,000	売　掛　金 （宮崎商店）	70,000

解　答

	借　　方	金　額	貸　　方	金　額
①	現　　金	120,000	売 掛 金	120,000
②	消耗品費	20,000	現　　金	20,000
③	受取手形	70,000	売 掛 金	70,000

(2) 一部振替取引

１つの取引が入出金取引と入出金取引以外の取引の２つからなる場合がある。このような取引を，**一部振替取引**という。

たとえば,「商品を売り上げ，代金の一部を現金で受け取り，残額を掛けとした」という取引の仕訳をみてみると，この取引は入金取引と入出金取引以外の取引からなることがわかる。

（借）現　　金　20,000　　（貸）売　　上　50,000
　　　売 掛 金　30,000

伝票会計では，取引を貸借それぞれ１つずつの勘定科目を用いて起票する。したがって，取引を２つの取引に分けて考えることになる。それには，①取引を分解する方法と，②すべていったん掛け取引とする方法の２つの方法がある。

①　取引を分解する方法

この方法では，次のように取引を現金売上と掛け売上に分解したうえで，入金額のみを入金伝票で起票し，残額を掛け取引として振替伝票で起票する。

（借）現　　金　20,000　　（貸）売　　上　20,000
　　　売 掛 金　30,000　　　　　売　　上　30,000

入金伝票 令和○年○月○日	
科　目	金　額
売　上	20,000

振 替 伝 票 令和○年○月○日			
借方科目	金　額	貸方科目	金　額
売 掛 金	30,000	売　上	30,000

②　すべていったん掛け取引とする方法

この方法では，次のように売上取引額のすべてをいったん掛け売上とみなして振替伝票で起票し，売掛金の一部を現金で受け取ったものとして入金伝票で起票する。

（借）	売掛金	50,000	（貸）	売上	50,000
	現金	20,000		売掛金	20,000

振替伝票
令和○年○月○日

借方科目	金額	貸方科目	金額
売掛金	50,000	売上	50,000

入金伝票
令和○年○月○日

科目	金額
売掛金	20,000

例題20－2

①　商品を仕入れ，代金￥10,000のうち￥2,000を現金で支払い，残額を掛けとした取引について，出金伝票を以下のように作成したとき，振替伝票の記入を示しなさい。

出金伝票
令和○年○月○日

科目	金額
仕入	2,000

②　商品を売り上げ，代金￥22,000のうち￥2,000を現金で受け取り，残額を掛けとした取引について，入金伝票を以下のように作成したとき，振替伝票の記入を示しなさい。

入金伝票
令和○年○月○日

科目	金額
売掛金	2,000

解　答

①

振　替　伝　票 令和○年○月○日			
借方科目	金　　額	貸方科目	金　　額
仕　　入	8,000	買　掛　金	8,000

②

振　替　伝　票 令和○年○月○日			
借方科目	金　　額	貸方科目	金　　額
売　掛　金	22,000	売　　上	22,000

解　説

①の取引については，次のように現金仕入と掛仕入に分解する。

（借）仕　　入　10,000　（貸）現　　金　2,000
　　　　　　　　　　　　　　　買　掛　金　8,000

⬇

（借）仕　　入　2,000　（貸）現　　金　2,000（出金伝票）
　　　仕　　入　8,000　　　　買　掛　金　8,000（振替伝票）

②の取引については，次のようにいったん掛け取引として処理をし，その後に掛け代金を現金で回収したとみなす。

（借）現　　金　2,000　（貸）売　　上　22,000
　　　売　掛　金　20,000

⬇

（借）売　掛　金　22,000　（貸）売　　上　22,000（振替伝票）
　　　現　　金　2,000　　　　売　掛　金　2,000（入金伝票）

ポイント＞入金伝票・出金伝票の科目欄に売掛金・買掛金などの掛け代金を示

す勘定が記入されている場合は，②「すべていったん掛け取引」による方法が用いられていると判断することができる。

2．伝票の集計と転記

伝票から総勘定元帳への転記は，伝票枚数が多くなると総勘定元帳への転記を１枚１枚個別に行っていたのでは手間がかかってしまう。そこで，毎日・毎週または月末に，伝票を分類・集計して，**仕訳集計表**を作成し，そこから総勘定元帳へ転記（合計転記）する方法が採られることが多い。

以下，伝票の集計と転記の流れについて順を追って解説を行う。

（1）伝票の集計

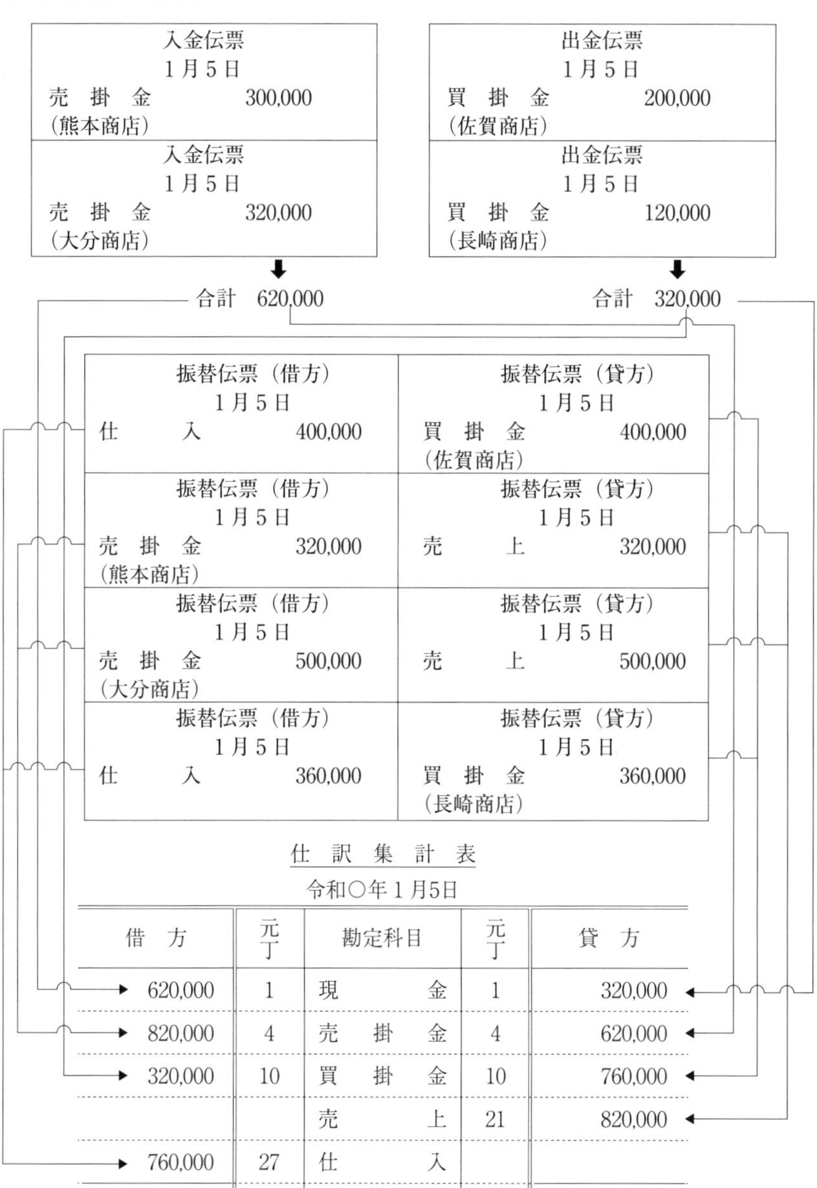

仕　訳　集　計　表

令和○年１月5日

借　方	元丁	勘定科目	元丁	貸　方
620,000	1	現　　金	1	320,000
820,000	4	売　掛　金	4	620,000
320,000	10	買　掛　金	10	760,000
		売　　上	21	820,000
760,000	27	仕　　入		
2,520,000				2,520,000

入金伝票の合計金額は入金額の合計である。すなわち，借方現金である。そして，伝票内の各科目は貸方科目である。この場合，いずれも貸方・売掛金である。したがって，入金伝票の合計額が仕訳集計表の現金の借方に記入される。そして，入金伝票内の科目（貸方）と，振替伝票･貸方科目の同科目が集計され，仕訳集計表の当該科目の貸方に記入される。

出金伝票の合計金額は出金額の合計である。すなわち，貸方現金である。そして，伝票内の各科目は借方科目である。この場合，いずれも借方・買掛金である。したがって，出金伝票の合計額が仕訳集計表の現金の貸方に記入される。そして，出金伝票内の科目（借方）と，振替伝票･借方科目の同科目が集計され，仕訳集計表の当該科目の借方に記入される。

なお，ここでは集計が毎日行われていると仮定している。

（2）総勘定元帳への転記

〈総勘定元帳〉

現　　金	1
1/5 仕訳集計表 620,000	1/5 仕訳集計表 320,000

売 掛 金	4
1/5 仕訳集計表 820,000	1/5 仕訳集計表 620,000

買 掛 金	10
1/5 仕訳集計表 320,000	1/5 仕訳集計表 760,000

売　　上	21
	1/5 仕訳集計表 820,000

仕　　入	27
1/5 仕訳集計表 760,000	

仕訳集計表に集計された各金額は，上記のように各勘定に転記される。ここでは毎日集計をしていると仮定しているため，日付はすべて１月５日である。また，通常は相手科目を記入する摘要欄も，仕訳集計表のみからの転記であるため，すべて仕訳集計表と記入することになる。

(3) 得意先元帳と仕入先元帳への転記

〈得意先元帳（売掛金元帳）〉

熊本商店　1

1/5	振替伝票	320,000	1/5	入金伝票	300,000

大分商店　2

1/5	振替伝票	500,000	1/5	入金伝票	320,000

〈仕入先元帳（買掛金元帳）〉

佐賀商店　1

1/5	出金伝票	200,000	1/5	振替伝票	400,000

長崎商店　2

1/5	出金伝票	120,000	1/5	振替伝票	360,000

各伝票に記入されている科目が，売掛金および買掛金であった場合は，前述のとおり，取引をした相手企業名も合わせて記入されている。したがって，伝票内に記入されている企業名に該当する人名勘定へ，それぞれ伝票から直接転記されることになる。

得意先元帳と仕入先元帳の摘要欄は，転記元の伝票名を記入することになる。

【練習問題】

1．次の取引と出金伝票または入金伝票の記入から，振替伝票の記入を行いなさい。

① 商品を仕入れ，代金 ¥30,000のうち ¥10,000を現金で支払い，残額を掛けとした取引について，出金伝票を以下のように作成したとき，振替伝票の記入を示しなさい。

出金伝票 令和○年○月○日	
科　目	金　額
仕　入	10,000

② 商品を売り上げ，代金 ¥75,000のうち ¥5,000を現金で受け取り，残額を掛けとした取引について，入金伝票を以下のように作成したとき，振替伝票の記入を示しなさい。

入金伝票 令和○年○月○日	
科　　目	金　　額
売 掛 金	5,000

①

振　替　伝　票 令和○年○月○日			
借方科目	金　　額	貸方科目	金　　額

②

振　替　伝　票 令和○年○月○日			
借方科目	金　　額	貸方科目	金　　額

2. 福岡商会は，毎日の取引を入金伝票，出金伝票，および振替伝票に記入し，これを１日分ずつ集計する仕訳集計表を作成している。同社の２月８日の取引が記入された各伝票に基づいて，仕訳日計表を完成し，総勘定元帳と補助元帳に転記しなさい。

入金伝票 ２月８日	
売 掛 金 （宮崎商店）	190,000

入金伝票 ２月８日	
受取手形	170,000

出金伝票 ２月８日	
支払手形	160,000

出金伝票 ２月８日	
買 掛 金 （沖縄商店）	210,000

振替伝票（借方） 2月8日		振替伝票（貸方） 2月8日	
仕　入	100,000	支払手形	100,000

振替伝票（借方） 2月8日		振替伝票（貸方） 2月8日	
売掛金 （宮崎商店）	180,000	売　上	180,000

振替伝票（借方） 2月8日		振替伝票（貸方） 2月8日	
売掛金 （鹿児島商店）	80,000	売　上	80,000

振替伝票（借方） 2月8日		振替伝票（貸方） 2月8日	
仕　入	60,000	買掛金 （沖縄商店）	60,000

〈仕訳集計表〉

仕　訳　集　計　表

令和○年2月8日

借　方	元丁	勘定科目	元丁	貸　方
		現　　金		
		受取手形		
		売掛金		
		支払手形		
		買掛金		
		売　　上		
		仕　　入		

〈総勘定元帳〉

現　　金　1

借方	貸方
繰　越　100,000	

受取手形　3

借方	貸方
繰　越　200,000	

売　掛　金　4

借方	貸方
繰　越　120,000	

支払手形　17

借方	貸方
	繰　越　90,000

買　掛　金　18

借方	貸方
	繰　越　190,000

売　　上　24

借方	貸方

仕　　入　31

借方	貸方

〈得意先元帳（売掛金元帳）〉

宮崎商店　1

借方	貸方
繰　越　60,000	

〈仕入先元帳（買掛金元帳）〉

沖縄商店　2

借方	貸方
	繰　越　170,000

練習問題の解答編

第1章

（a　記録）（b　計算）（c　整理）（d　財政状態）（e　経営成績）

（f　会計単位）（g　会計期間）（h　貨幣額表示）

第2章

貸借対照表

（九　州）商店　　令和○年（12）月（31）日

資産	金額	負債および純資産	金額
現金	950,000	買掛金	700,000
売掛金	800,000	借入金	850,000
商品	400,000	資本金	1,000,000
備品	550,000	当期純利益	150,000
	2,700,000		2,700,000

第3章

1.

期首資本	期末			収益	費用	当期純損益
	資産	負債	資本			
150,000	a 340,000	140,000	b 200,000	210,000	160,000	c 50,000
620,000	945,000	d 192,000	753,000	e 585,000	452,000	f 133,000
310,000	500,000	g 220,000	h 280,000	630,000	660,000	i −30,000

2.

損益計算書

（九　州）商店令和○年（1）月（1）日から令和○年（12）月（31）日まで

費用	金額	収益	金額
給料	52,000	商品売買益	80,000
広告料	30,000	受取利息	40,000
消耗品費	10,000		
支払利息	22,000		
当期純利益	**6,000**		
	120,000		120,000

第4章

1.　（1）○　（2）×　（3）○　（4）○　（5）○

2.

現　　金

6/1	2,000,000	6/2	500,000
19	150,000	26	200,000
22	100,000	30	50,000

売　掛　金

6/8	150,000	6/22	100,000
19	90,000		

商　　品

6/5	250,000	6/8	120,000
14	350,000	19	200,000

備　　品

6/2	500,000		

買　掛　金

6/26	200,000	6/5	250,000
		14	350,000

資　本　金

		6/1	2,000,000

商品売買益

		6/8	30,000
		19	40,000

支 払 家 賃

6/30	50,000		

第5章

1.　（a　勘定口座）（b　仕訳）（c　転記）

2.

	借　　方	金　額	貸　　方	金　額
6/5	商　　品	70,000	買　掛　金	70,000
10	売　掛　金	60,000	商　　品	40,000
			商品売買益	20,000
15	現　　金	30,000	売　掛　金	30,000
20	給　　料	40,000	現　　金	40,000
25	現　　金	20,000	売　掛　金	20,000

3.

現　　金

6/15	30,000	6/20	40,000
25	20,000		

売　掛　金

6/10	60,000	6/15	30,000
		25	20,000

商　　品

6/5	70,000	6/10	40,000

買　掛　金

		6/5	70,000

商品売買益

		6/10	20,000

給　　料

6/20	40,000		

第6章

仕　訳　帳　　　2

令和○年		摘要		元丁	借方	貸方
5	2	(現　金)		1	300,000	
			(借入金)	8		300,000
		天神銀行より借入れ				
	7	(商　品)		4	100,000	
			(現　金)	1		100,000
		山口商店より仕入れ				
	12	(現　金)	諸　口	1	90,000	
			(商　品)	4		70,000
			(商品売買益)	11		20,000
		岡山商店へ売上げ				

総　勘　定　元　帳

現　金　　　1

令和○年		摘要	仕丁	借方	令和○年		摘要	仕丁	貸方
5	2	借入金	2	300,000	5	7	商　品	2	100,000
	12	諸　口	〃	90,000					

商　品　　　4

令和○年		摘要	仕丁	借方	令和○年		摘要	仕丁	貸方
5	7	現　金	2	100,000	5	12	現　金	2	70,000

借入金 8

令和○年		摘要	仕丁	借方	令和○年		摘要	仕丁	貸方
					5	2	現金	2	300,000

商品売買益 11

令和○年		摘要	仕丁	借方	令和○年		摘要	仕丁	貸方
					5	12	現金	2	20,000

残高式 現金 1

令和○年		摘要	仕丁	借方	貸方	借または貸	残高
5	2	借入金	2	300,000		借	300,000
	7	商品	〃		100,000	〃	200,000
	12	諸口	〃	90,000		〃	290,000

第7章

1.

合計残高試算表
令和○年12月31日

借方		元丁	勘定科目	貸方	
残高	合計			合計	残高
44,000	222,000	1	現金	178,000	
24,000	40,000	2	売掛金	16,000	
48,000	120,000	3	商品	72,000	
50,000	50,000	4	備品		
	14,000	5	買掛金	30,000	16,000
	10,000	6	借入金	48,000	38,000
		7	資本金	100,000	100,000
		8	商品売買益	20,000	20,000
		9	受取手数料	4,000	4,000
8,000	8,000	10	給料		
3,600	3,600	11	消耗品費		
400	400	12	支払利息		
178,000	468,000			468,000	178,000

2.

精算表

勘定科目	残高試算表		損益計算書		貸借対照表	
	借方	貸方	借方	貸方	借方	貸方
現金	44,000				44,000	
売掛金	24,000				24,000	
商品	48,000				48,000	
備品	50,000				50,000	
買掛金		16,000				16,000
借入金		38,000				38,000
資本金		100,000				100,000
商品売買益		20,000		20,000		
受取手数料		4,000		4,000		
給料	8,000		8,000			
消耗品費	3,600		3,600			
支払利息	400		400			
当期純利益			12,000			12,000
	178,000	178,000	24,000	24,000	166,000	166,000

第8章

1.

(1)

	借方	金額	貸方	金額
12/31	商品売買益	330,000	損益	330,000
〃	損益	204,000	給料	168,000
			支払家賃	30,000
			雑費	6,000
〃	損益	126,000	資本金	126,000

(2)

損益

借方		貸方	
12/31 給料	168,000	12/31 商品売買益	330,000
〃 支払家賃	30,000		
〃 雑費	6,000		
〃 資本金	126,000		
	330,000		330,000

資本金

借方		貸方	
12/31 次期繰越	726,000	1/1 前期繰越	600,000
		12/31 損益	126,000
	726,000		726,000
		1/1 前期繰越	726,000

（3）

繰越試算表

令和○年12月31日

合計	元丁	勘定科目	貸方
146,000	1	現金	
300,000	2	売掛金	
240,000	3	商品	
200,000	4	備品	
	5	買掛金	160,000
	6	資本金	726,000
886,000			886,000

2.

損益計算書

（福岡）商店　　令和○年1月1日から令和○年12月31日まで

費用	金額	収益	金額
給料	168,000	商品売買益	330,000
支払家賃	30,000		
雑費	6,000		
当期純利益	**126,000**		
	330,000		330,000

貸借対照表

（福岡）商店　　令和○年 12月31日

資産	金額	負債および純資産	金額
現金	146,000	買掛金	160,000
売掛金	300,000	資本金	600,000
商品	240,000	当期純利益	126,000
備品	200,000		
	886,000		886,000

第9章

1.

	借　　方	金　額	貸　　方	金　額
①	現　　　金	20,000	売　掛　金	20,000
②	現　　　金	60,000	商　　　品	70,000
	売　掛　金	30,000	商品売買益	20,000
③	現　　　金	150,000	売　掛　金	150,000

2.

	借　　方	金　額	貸　　方	金　額
9/16	現金過不足	3,000	現　　　金	3,000
23	支払利息	3,000	現金過不足	3,000

3.

	借　　方	金　額	貸　　方	金　額
10/8	現　　　金	4,000	現金過不足	4,000
9	現金過不足	4,000	受取手数料	4,000

4.

	借　　方	金　額	貸　　方	金　額
①	当座預金	200,000	現　　　金	200,000
②	買　掛　金	40,000	当座預金	40,000
③	当座預金	80,000	売　掛　金	80,000
④	当座預金	100,000	売　掛　金	100,000
⑤	買　掛　金	140,000	当座預金	140,000
⑥	当座預金	240,000	売　掛　金	240,000

5.

	借　　方	金　額	貸　　方	金　額
11/5	備　　　品	200,000	当座預金	200,000
12	買　掛　金	180,000	当座預金	180,000
18	当座預金	600,000	売　掛　金	600,000
27	給　　　料	240,000	当座預金	240,000

当座預金出納帳

令和○年		摘　　要	預　入	引　出	借または貸	残　高
11	1	前月繰越	350,000		借	350,000
	5	事務用品購入　小切手＃21		200,000	〃	150,000
	12	福岡商店の買掛金支払い　小切手 #22		180,000	貸	30,000
	18	佐賀商店から売掛金回収	600,000		借	570,000
	27	本月分給料支払い　小切手＃23		240,000	〃	330,000
	30	次月繰越		330,000		
			950,000	950,000		
12	1	前月繰越	330,000		借	330,000

6.

	借　方	金　額	貸　方	金　額
①	小口現金	40,000	当座預金	40,000
②	通信費	6,000	小口現金	10,400
	交通費	2,000		
	消耗品費	2,400		
③	小口現金	10,400	当座預金	10,400

小口現金出納帳

受入	令和○年		摘要	支払	内訳 通信費	交通費	消耗品費	雑費	残高
20,000	5	1	前月繰越						20,000
		7	コピー用紙代	200			200		19,800
		12	電車回数券	1,400		1,400			18,400
		14	郵便切手代	700	700				17,700
		15	文房具代	350			350		17,350
		19	電話料金	3,000	3,000				14,350
		21	茶菓子代	700				700	13,650
		22	タクシー代	2,500		2,500			11,150
		30	新聞代	4,000				4,000	7,150
			合　計	12,850	3,700	3,900	550	4,700	
12,850		31	小切手						20,000
		〃	次月繰越	20,000					
32,850				32,850					
20,000	6	1	前月繰越						20,000

第10章

1.

	借　方	金　額	貸　方	金　額
(1)	仕　入	253,800	買掛金	250,000
			現　金	3,800
(2)	買掛金	30,000	仕　入	30,000
(3)	現　金	100,000	売　上	340,000
	売掛金	240,000		
	発送費	12,000	当座預金	12,000
(4)	売　上	40,000	売掛金	40,000
(5)	当座預金	100,000	売　上	170,000
	売掛金	75,000	現　金	5,000

2.

仕 入 帳

令和 ○年		摘 要				内 訳	金 額
10	7	鳥栖商店			掛 け		
		A品	300個	@¥340		102,000	
		B品	140個	@¥250		35,000	137,000
	17	天神商店			掛 け		
		B品	120個	@¥260			31,200
	18	天神商店			掛け値引き		
		B品	20個	@¥ 50			1,000
	23	博多商店			小切手・掛け		
		A品	200個	@¥350		70,000	
		引取運賃現金支払い				5,000	75,000
	31				仕 入 高		243,200
	〃				仕入値引高		1,000
					純 仕 入 高		242,200

売 上 帳

令和 ○年		摘 要				内 訳	金 額
10	5	久留米商店			小 切 手		
		A品	260個	@¥430			111,800
	12	佐賀商店			小切手・掛け		
		A品	280個	@¥450		126,000	
		B品	160個	@¥320		51,200	177,200
	14	佐賀商店			掛け戻り		
		A品	30個	@¥450			13,500
	27	久留米商店			小切手		
		A品	240個	@¥450		108,000	
		B品	100個	@¥270		27,000	135,000
	31				売 上 高		424,000
	〃				売上戻り高		13,500
					純 売 上 高		410,500

商品有高帳

（先入先出法）　品名：A 品　単価：個

令和○年		摘要	受入			払出			残高		
			数量	単価	金額	数量	単価	金額	数量	単価	金額
10	1	前月繰越	400	320	128,000				400	320	128,000
	5	売上				260	320	83,200	140	320	44,800
	7	仕入	300	340	102,000				{ 140	320	44,800
									{ 300	340	102,000
	12	売上				{ 140	320	44,800			
						{ 140	340	47,600	160	340	54,400
	14	売上戻り	30	340	10,200				190	340	64,600
	23	仕入	200	375	75,000				{ 190	340	64,600
									{ 200	375	75,000
	27	売上				{ 190	340	64,600			
						{ 50	375	18,750	150	375	56,250
	31	**次月繰越**				**150**	**375**	**56,250**			
			930		315,200	930		315,200			
11	1	前月繰越	150	375	56,250				150	375	56,250

※23日の仕入単価の計算

200個× @350＝70,000

（70,000＋5,000）÷200個＝ @375

第11章

	借　方	金　額	貸　方	金　額
10/6	売掛金 (佐賀商店)	85,000	売　上	85,000
7	売　上	5,000	売掛金 (佐賀商店)	5,000
9	仕　入	200,000	買掛金 (宮崎商店)	200,000
19	現　金 売掛金 (長崎商店)	40,000 22,000	売　上	62,000
24	現　金	75,000	売掛金 (佐賀商店)	75,000
27	買掛金 (大分商店)	90,000	当座預金	90,000

売　掛　金

10/1	前月繰越	128,000	10/7	売　上	5,000
6	売　上	85,000	24	現　金	75,000
19	売　上	22,000	**31**	**次月繰越**	**155,000**
		235,000			235,000
11/1	前月繰越	155,000			

買　掛　金

10/27	当座預金	90,000	10/1	前月繰越	149,000
31	**次月繰越**	**259,000**	9	仕　入	200,000
		349,000			349,000
			11/1	前月繰越	259,000

売 掛 金 元 帳

佐 賀 商 店

令和○年		摘要	借方	貸方	借または貸	残高
10	1	前月繰越	75,000		借	75,000
	6	売上げ	85,000		〃	160,000
	7	売上げ戻り		5,000	〃	155,000
	24	掛け代金回収		75,000	〃	80,000
	31	**次月繰越**		**80,000**		
			160,000	160,000		
11	1	前月繰越	80,000		借	80,000

買 掛 金 元 帳

宮 崎 商 店

令和○年		摘要	借方	貸方	借または貸	残高
10	1	前月繰越		54,000	貸	54,000
	9	仕入れ		200,000	〃	254,000
	31	**次月繰越**	**254,000**			
			254,000	254,000		
11	1	前月繰越		254,000	貸	254,000

第12章

	借　方	金　額	貸　方	金　額
(1)	当座預金	840,000	貸付金	800,000
			受取利息	40,000
(2)	仮払金	200,000	現金	200,000
(3)	給料	600,000	立替金 (従業員立替金)	180,000
			預り金 (所得税預り金)	60,000
			現金	360,000
(4)	社会保険料預り金	70,000	普通預金	140,000
	法定福利費	70,000		
(5)	現金	1,000,000	売上	1,200,000
	受取商品券	200,000		
(6)	土地	2,000,000	現金	400,000
			未払金	1,600,000
(7)	仕入	400,000	前払金	100,000
			現金	300,000
(8)	差入保証金	520,000	普通預金	760,000
	支払手数料	120,000		
	支払家賃	120,000		

第13章

1.

	借　　方	金　額	貸　　方	金　額
①	仕　　入	307,000	前 払 金	70,000
			支払手形	230,000
			現　　金	7,000
②	買 掛 金	120,000	支払手形	120,000
③	仕　　入	230,000	支払手形	230,000
④	仕　　入	180,000	支払手形	90,000
			当座預金	90,000
⑤	前 受 金	80,000	売　　上	400,000
	受取手形	160,000		
	売 掛 金	160,000		

2.

	借　　方	金　額	貸　　方	金　額
(1)	電子記録債権	150,000	売　掛　金	150,000
(2)	買　掛　金	380,000	電子記録債務	380,000
(3)	当 座 預 金	130,000	電子記録債権	130,000
(4)	電子記録債務	320,000	当 座 預 金	320,000
(5)	現　　　金	320,000	電子記録債権	360,000
	電子記録債権売却損	40,000		
(6)	買　掛　金	185,000	電子記録債権	185,000

第14章

	借　　方	金　額	貸　　方	金　額
①	土　　地	1,680,000	当座預金	1,680,000
②	建　　物	2,357,500	当座預金	2,250,000
			現　　金	107,500
③	備　　品	379,000	当座預金	187,500
			未 払 金	187,500
			現　　金	4,000
④	建　　物	2,732,500	未 払 金	2,732,500
⑤	備　　品	191,000	当座預金	175,000
			現　　金	16,000
⑥	車両運搬具	600,000	当座預金	600,000
⑦	備　　品	55,750	当座預金	52,500
			現　　金	3,250
⑧	建　　物	3,441,500	当座預金	3,400,000
			現　　金	41,500
⑨	現　　金	4,450,000	土　　地	4,100,000
			固定資産売却益	350,000

第15章

	借　　方	金　額	貸　　方	金　額
(1)	租税公課	200,000	現　　金	200,000
(2)	法人税等 (法人税, 住民税及び事業税)	800,000	仮払法人税等	600,000
			未払法人税等	200,000
(3)	仕　　入	2,000,000	現　　金	2,200,000
	仮払消費税	200,000		
(4)	売 掛 金	6,600,000	売　　上	6,000,000
			仮受消費税	600,000
(5)	仮受消費税	550,000	仮払消費税	450,000
			未払消費税	100,000

第16章

	借　方	金　額	貸　方	金　額
(1)	普通預金	1,000,000	資本金	1,000,000
(2)	当座預金	750,000	資本金	750,000
(3)	損益	800,000	繰越利益剰余金	800,000
(4)	繰越利益剰余金	198,000	未払配当金	180,000
			利益準備金	18,000
(5)	繰越利益剰余金	146,000	損益	146,000
(6)	繰越利益剰余金	165,000	未払配当金	150,000
			利益準備金	15,000
(7)	未払配当金	150,000	当座預金	150,000

第17章

	借　方	金　額	貸　方	金　額
1	現金過不足	6,000	雑益	6,000
2	当座預金	2,000	当座借越	2,000
3	仕入	12,000	繰越商品	12,000
	繰越商品	10,000	仕入	10,000
4	貸倒引当金繰入	2,000	貸倒引当金	2,000
5	減価償却費	7,000	備品減価償却累計額	7,000

第18章

1.

	借　方	金　額	貸　方	金　額
12/31	未収利息	4,000	受取利息	4,000
	受取利息	10,000	損益	10,000
1/1	受取利息	4,000	未収利息	4,000
4/30	当座預金	12,000	受取利息	12,000

受取利息

12/31 損　　益	10,000	諸　　口	6,000
		12/31 未収利息	4,000
	10,000		10,000
1/1 未収利息	4,000	4/30 当座預金	12,000

未収利息

12/31 受取利息	4,000	12/31 **次期繰越**	**4,000**
1/1 前期繰越	4,000	1/1 受取利息	4,000

2.

	借　　方	金　額	貸　　方	金　額
12/31	給　　料	50,000	未払給料	50,000
	損　　益	886,000	給　　料	886,000
1/1	未払給料	50,000	給　　料	50,000
1/15	給　　料	104,000	当座預金	104,000

給　料

諸　　口	836,000	12/31 損　　益	886,000
12/31 未払給料	50,000		
	886,000		886,000
1/15 当座預金	104,000	1/1 未払給料	50,000

未払給料

12/31 **次期繰越**	**50,000**	12/31 給　　料	50,000
1/1 給　　料	50,000	1/1 前期繰越	50,000

3.

	借　　方	金　額	貸　　方	金　額
10/1	現　　金	192,000	受取地代	192,000
12/31	受取地代	144,000	前受地代	144,000
	受取地代	48,000	損　　益	48,000
1/1	前受地代	144,000	受取地代	144,000

受取地代

12/31 前受地代	144,000	10/1 現　　金	192,000
12/31 損　　益	48,000		
	192,000		192,000
		1/1 前受地代	144,000

前受地代

12/31 **次期繰越**	**144,000**	12/31 受取地代	144,000
1/1 受取地代	144,000	1/1 前期繰越	144,000

4.

	借　　方	金　額	貸　　方	金　額
8/1	保険料	96,000	現　金	96,000
12/31	前払保険料	56,000	保険料	56,000
	損　益	40,000	保険料	40,000
1/1	保険料	56,000	前払保険料	56,000

保険料

8/1	現　金	96,000	12/31	前払保険料	56,000
			12/31	損　益	40,000
		96,000			96,000
1/1	前払保険料	56,000			

前払保険料

12/31	保険料	56,000	12/31	**次期繰越**	**56,000**
1/1	前期繰越	56,000	1/1	保険料	56,000

5.

	借　　方	金　額	貸　　方	金　額
3/31	貯蔵品	6,500	租税公課	6,500
	損　益	56,000	租税公課	56,000
4/1	租税公課	6,500	貯蔵品	6,500

貯蔵品

3/31	租税公課	6,500	3/31	**次期繰越**	**6,500**
4/1	前期繰越	6,500	1/1	租税公課	6,500

租税公課

	（買入高）	62,500	3/31	貯蔵品	6,500
			3/31	損　益	56,000
		62,500			62,500
4/1	貯蔵品	6,500			

第19章

	借　方	金　額	貸　方	金　額
①	仕　入	15,600	繰越商品	15,600
	繰越商品	17,200	仕　入	17,200
②	仮受金	4,000	売掛金	4,000
③	貸倒引当金繰入	720	貸倒引当金	720
④	減価償却費	4,000	備品減価償却累計額	4,000
⑤	所得税預り金	800	仮払金	800
⑥	未収利息	160	受取利息	160
⑦	前払家賃	400	支払家賃	400
⑧	前払保険料	120	保険料	120
⑨	給　料	200	未払給料	200
⑩	法人税等	1,008	未払法人税等	1,008

⑩法人税等の計算について

まず，損益計算書を作成し，税引前の当期純利益を算出する。そして，その金額に法人税率を乗じて計算する。この場合，税引前の当期純利益が¥3,360であるため，次のように計算される。

$3{,}360 \times 0.3 = 1{,}008$

損益計算書

大分商会　　令和X3年4月1日から令和X4年3月31日まで

費用	金額	収益	金額
売上原価	51,400	売上高	78,000
給料	6,200	受取利息	1,760
支払家賃	7,200		
保険料	3,880		
貸倒引当金繰入	720		
減価償却費	4,000		
支払利息	3,000		
法人税等	1,008		
当期純利益	2,352		
	79,760		79,760

貸借対照表

大分商会　　令和X4年3月31日

資産		金額	負債および純資産	金額
現金		16,000	支払手形	25,000
当座預金		36,000	買掛金	30,800
受取手形	40,000		借入金	50,000
貸倒引当金	800	39,200	所得税預り金	1,200
売掛金	26,000		未払法人税等	1,008
貸倒引当金	520	25,480	未払費用	200
商品		17,200	資本金	40,000
前払費用		520	繰越利益剰余金	14,352
未収収益		160		
備品	20,000			
減価償却累計額	8,000	12,000		
差入保証金		16,000		
		162,560		162,560

第20章

1．

①

振　替　伝　票
令和○年○月○日

借方科目	金額	貸方科目	金額
仕　　入	20,000	買　掛　金	20,000

②

振　替　伝　票
令和○年○月○日

借方科目	金額	貸方科目	金額
売　掛　金	75,000	売　　上	75,000

2．

仕　訳　集　計　表
令和○年1月5日

借　　方	元丁	勘　定　科　目	元丁	貸　　方
360,000	1	現　　金	1	370,000
		受　取　手　形	3	170,000
260,000	4	売　掛　金	4	190,000
160,000	17	支　払　手　形	17	100,000
210,000	18	買　掛　金	18	60,000
		売　　上	24	260,000
160,000	31	仕　　入		
1,150,000				1,150,000

〈総勘定元帳〉

現　　金　　1

借方摘要	金額	貸方摘要	金額
繰　越	100,000	2/8 仕訳集計表	370,000
2/8 仕訳集計表	360,000		

受　取　手　形　　3

借方摘要	金額	貸方摘要	金額
繰　越	200,000	2/8 仕訳集計表	170,000

売　掛　金　　4

借方摘要	金額	貸方摘要	金額
繰　越	120,000	2/8 仕訳集計表	190,000
2/8 仕訳集計表	260,000		

支　払　手　形　　17

借方摘要	金額	貸方摘要	金額
2/8 仕訳集計表	160,000	繰　越	90,000
		2/8 仕訳集計表	100,000

買　掛　金　　18

借方摘要	金額	貸方摘要	金額
2/8 仕訳集計表	210,000	繰　越	190,000
		2/8 仕訳集計表	60,000

売　　上　　24

借方摘要	金額	貸方摘要	金額
		2/8 仕訳集計表	260,000

仕　　入　　31

借方摘要	金額	貸方摘要	金額
2/8 仕訳集計表	160,000		

〈得意先元帳（売掛金元帳）〉

宮　崎　商　店　　1

借方摘要	金額	貸方摘要	金額
繰　越	60,000	2/8 入金伝票	190,000
2/8 振替伝票	180,000		

〈仕入先元帳（買掛金元帳）〉

沖　縄　商　店　　2

借方摘要	金額	貸方摘要	金額
2/8 出金伝票	210,000	繰　越	170,000
		2/8 振替伝票	60,000

《著者紹介》

日野　修造（ひの　しゅうぞう）

中村学園大学流通科学部教授　京都大学博士（経済学）
広島大学大学院人間社会科学研究科特任教授

1963年福岡県生まれ
京都大学大学院経済学研究科経済学専攻博士課程後期修了

［主な著書］
『企業会計の伝達と応用』（共著），五絃舎，2007年
『企業会計の基礎』（共著），中央経済社，2009年
『簿記会計入門』（編著），五絃舎，2013年
『演習簿記会計入門』（共著），五絃舎，2014年
『ビギナーのための会計学』（共著），創世社，2014年
『非営利組織体財務報告論―財務生存力情報の開示と資金調達』中央経済社，2016年
『複式簿記概説―財務報告の方法と論理』（共著），五絃舎，2020年
『現代の簿記論』（共著），税務経理協会，2021年
『非営利組織会計の基礎概念―利益測定の計算構造と財務報告』中央経済社，2021年

入門簿記会計

2022年4月15日　第1版第1刷発行

著　者　日　野　修　造
発行者　山　本　継
発行所　㈱　中　央　経　済　社
発売元　㈱中央経済グループパブリッシング

〒101-0051　東京都千代田区神田神保町1-31-2
電話　03（3293）3371（編集代表）
03（3293）3381（営業代表）
https://www.chuokeizai.co.jp
印刷／文唱堂印刷㈱
製本／㈲井上製本所

＊頁の「欠落」や「順序違い」などがありましたらお取り替えいたしますので発売元までご送付ください。（送料小社負担）
ISBN978-4-502-42271-3 C3034